京华通览

历史文化名城

主编／段柄仁

中山公园

盖建中／编著

北京出版集团公司
北京出版社

图书在版编目（CIP）数据

中山公园 / 盖建中编著. — 北京：北京出版社，2018.10
（京华通览）
ISBN 978-7-200-13446-9

Ⅰ. ①中… Ⅱ. ①盖… Ⅲ. ①公园—介绍—西城区 Ⅳ. ①K928.73

中国版本图书馆CIP数据核字（2017）第266536号

出版人　曲　仲
策　划　安　东　于　虹
项目统筹　董拯民　孙　菁
责任编辑　董拯民　杨桂龙
封面设计　田　晗
版式设计　云伊若水
责任印制　燕雨萌

"京华通览"丛书在出版过程中，使用了部分出版物及网站的图片资料，在此谨向有关资料的提供者致以衷心的感谢。因部分图片的作者难以联系，敬请本丛书所用图片的版权所有者与北京出版集团公司联系。

京华通览
中山公园
ZHONGSHAN GONGYUAN
盖建中　编著

＊

北京出版集团公司
北京出版社　出版
（北京北三环中路6号）
邮政编码：100120

网　址：www.bph.com.cn
北京出版集团公司总发行
新华书店经销
天津画中画印刷有限公司印刷

＊

880毫米×1230毫米　32开本　7.75印张　161千字
2018年10月第1版　2022年11月第3次印刷
ISBN 978-7-200-13446-9
定价：45.00元

如有印装质量问题，由本社负责调换
质量监督电话：010-58572393

《京华通览》编纂委员会

主　任　段柄仁
副主任　陈　玲　曲　仲
成　员　（按姓氏笔画排序）
　　　　于　虹　王来水　安　东　运子微
　　　　杨良志　张恒彬　周　浩　侯宏兴
主　编　段柄仁
副主编　谭烈飞

《京华通览》编辑部

主　任　安　东
副主任　于　虹　董拯民
成　员　（按姓氏笔画排序）
　　　　王　岩　白　珍　孙　菁　李更鑫
　　　　潘惠楼

序

PREFACE

擦亮北京"金名片"

段柄仁

北京是中华民族的一张"金名片"。"金"在何处？可以用四句话描述：历史悠久、山河壮美、文化璀璨、地位独特。

展开一点说，这个区域在70万年前就有远古人类生存聚集，是一处人类发祥之地。据考古发掘，在房山区周口店一带，出土远古居民的头盖骨，被定名为"北京人"。这个区域也是人类都市文明发育较早，影响广泛深远之地。据历史记载，早在3000年前，就形成了燕、蓟两个方国之都，之后又多次作为诸侯国都、割据势力之都；元代作为全国政治中心，修筑了雄伟壮丽、举世瞩目的元大都；明代以此为基础进行了改造重建，形成了今天北京城的大格局；清代仍以此为首都。北京作为大都会，其文明引领全国，影响世界，被国外专家称为"世界奇观""在地球表面上，人类最伟大的个体工程"。

北京人文的久远历史，生生不息的发展，与其山河壮美、宜生宜长的自然环境紧密相连。她坐落在华北大平原北缘，"左环沧海，右拥太行，南襟河济，北枕居庸""龙蟠虎踞，形势雄伟，南控江淮，北连朔漠"。是我国三大地理单元——华北大平原、东北大平原、蒙古高原的交汇之处，是南北通衢的纽带，东西连接的龙头，东北亚环渤海地区的中心。这块得天独厚的地域，不仅极具区位优势，而且环境宜人，气候温和，四季分明。在高山峻岭之下，有广阔的丘陵、缓坡和平川沃土，永定河、潮白河、拒马河、温榆河和蓟运河五大水系纵横交错，如血脉遍布大地，使其顺理成章地成为人类祖居、中华帝都、中华人民共和国首都。

这块风水宝地和久远的人文历史，催生并积聚了令人垂羡的灿烂文化。文物古迹星罗棋布，不少是人类文明的顶尖之作，已有1000余项被确定为文物保护单位。周口店遗址、明清皇宫、八达岭长城、天坛、颐和园、明清帝王陵和大运河被列入世界文化遗产名录，60余项被列为全国重点文物保护单位，220余项被列为市级文物保护单位，40片历史文化街区，加上环绕城市核心区的大运河文化带、长城文化带、西山永定河文化带和诸多的历史建筑、名镇名村、非物质文化遗产，以及数万种留存至今的历史典籍、志鉴档册、文物文化资料，《红楼梦》"京剧"等文学艺术明珠，早已成为传承历史文明、启迪人们智慧、滋养人们心灵的瑰宝。

中华人民共和国成立后,北京发生了深刻的变化。作为国家首都的独特地位,使这座古老的城市,成为全国现代化建设的领头雁。新的《北京城市总体规划（2016年—2035年）》的制定和中共中央、国务院的批复,确定了北京是全国政治中心、文化中心、国际交往中心、科技创新中心的性质和建设国际一流的和谐宜居之都的目标,大大增加了这块"金名片"的含金量。

伴随国际局势的深刻变化,世界经济重心已逐步向亚太地区转移,而亚太地区发展最快的是东北亚的环渤海地区、这块地区的京津冀地区,而北京正是这个地区的核心,建设以北京为核心的世界级城市群,已被列入实现"两个一百年"奋斗目标、中国梦的国家战略。这就又把北京推向了中国特色社会主义新时代谱写现代化新征程壮丽篇章的引领示范地位,也预示了这块热土必将更加辉煌的前景。

北京这张"金名片",如何精心保护、细心擦拭,全面展示其风貌,尽力挖掘其能量,使之永续发展,永放光彩并更加明亮?这是摆在北京人面前的一项历史性使命,一项应自觉承担且不可替代的职责,需要做整体性、多方面的努力。但保护、擦拭、展示、挖掘的前提是对它的全面认识,只有认识,才会珍惜,才能热爱,才可能尽心尽力、尽职尽责,创造性完成这项释能放光的事业。而解决认识问题,必须做大量的基础文化建设和知识普及工作。近些年北京市有关部门在这方面做了大量工作,先后出版了《北京通史》(10卷本)、《北京百科全书》(20卷本),各类志书近900种,以及多种年鉴、专著和资料汇编,等等,为擦亮北京这张"金名片"做了可贵的基础性贡献。但是这些著述,大多是服务于专业单位、党政领导部门和教学科研人员。如何使其承载的知识进一步普及化、大众化，出版面向更大范围的群众的读物，是当前急需弥补的弱项。为此我们启动了《京华通览》系列丛书的编写，采取简约、通俗、方便阅读的方法，从有关北京历史文化的大量书籍资料中，特别是卷帙浩繁的地方志书中，精选当前广大群众需要的知识，尽可能满足北京人以及关注北京的国内外朋友进一步了解北京的历史与现状、性质与功能、特点与亮点的需求，以达到"知北京、爱北京，合力共建美好北京"的目的。

这套丛书的内容紧紧围绕北京是全国的政治、文化、国际交往和科技创新四个中心，涵盖北京的自然环境、经济、政治、文化、社会等各方面的知识，但重点是北京的深厚灿烂的文化。突出安排了"历史文化名城""西山永定河文化带""大运河文化带""长城文化带"四个系列内容。资料大部分是取自新编北京志并进行压缩、修订、补充、改编。也有从已出版的北京历史文化读物中优选改编和针对一些重要内容弥补缺失而专门组织的创作。作品的作者大多是在北京志书编纂中捉刀实干的骨干人物和在北京史志领域著述颇丰的知名专家。尹钧科、谭烈飞、吴文涛、张宝章、郗志群、姚安、马建农、王之鸿等，都有作品奉献。从这个意义上说，这套丛书中，不少作品也可称"大家小书"。

总之，擦亮北京"金名片"，就是使蕴藏于文明古都丰富多彩的优秀历史文化活起来，充满时代精神和首都特色的社会主义创新文化强起来，进一步展现其真善美，释放其精气神，提高其含金量。

2017 年 11 月

目录

CONTENTS

概　述 / 1

社稷坛

社稷探源 / 5

社稷沿革 / 6

　新石器时期 / 6

　夏商周时期 / 6

　秦汉唐宋时期 / 7

　金元时期 / 8

　明清时期 / 9

社稷建筑 / 10

　祭祀坛台 / 10

　社主神牌 / 11

　壝垣、围垣 / 12

　拜殿 / 13

　戟殿 / 16

　神库神厨 / 17

宰牲亭 / 18

奉祀署、遣官房 / 19

值守房 / 19

坛墙门 / 19

御道 / 20

社稷祭祀 / 21

祭祀种类 / 21

祭祀祭品 / 21

祭祀祭器 / 26

祭祀斋戒 / 30

祭祀祝版 / 33

祭祀服饰 / 35

祭祀礼仪 / 38

祭祀礼乐 / 47

祭祀行礼 / 55

祭祀祭文 / 59

社稷管理 / 61

掌管祭祀的机构 / 61

祭祀前的准备及流程 / 69

监察 / 71

中央（中山）公园

稷园初开 / 77

辟建前 / 77

辟园经过 / 77

稷园景物 / 81

茅亭 / 81

东洋式亭 / 82

唐花坞 / 82

习礼亭 / 85

松柏交翠亭 / 86

投壶亭 / 87

碧纱舫 / 88

格言亭 / 89

喷水池 / 90

河塘 / 91

水榭 / 92

兰亭八柱暨兰亭碑亭 / 93

石狮 / 96

迎晖亭 / 97

保卫和平坊 / 97

四宜轩 / 100

长廊 / 101

方胜亭 / 103

哈定纪念碑 / 104

王金铭、施从云烈士铜像 / 105

孙中山奉安纪念碑 / 106

孙中山铜像 / 106

石灯台 / 107

名石 / 108

南极岩石 / 110

愉园 / 111

花台花圃 / 112

禽笼兽舍 / 114

长青园 / 118

桃园 / 119

古树 / 120

稷园花事 / 122

  花卉栽培 / 122

  名贵花卉 / 123

稷园商贾 / 128

来今雨轩饭庄旧址 / 129
　　来今雨轩新址（杏花村）/ 130
　　同生照相馆 / 132
　　绘影楼 / 133
　　春明馆茶点社 / 134
　　柏斯馨、集士林 / 135
　　瑞珍厚 / 135
　　菜根香素菜馆 / 136
　　长美轩饭馆 / 136
　　庆记糖果局 / 137
　　松涛啤酒公司 / 137
　　冰窖 / 137
稷园人文 / 138
　　场所设施 / 138
　　纪念活动 / 145
　　文体活动 / 149
　　名人活动 / 160
　　社团活动 / 165

稷园艺文

明代诗文作品 / 171
清代诗文作品 / 172
民国时期作品 / 197
诗 / 198
词 / 215
赋 / 218
记 / 221

参考文献 / 226
后　记 / 235

概　述

　　北京市中山公园坐落在市中心，位于天安门西侧，前临金水桥，后倚紫禁城御河，东邻午门，西靠中南海，占地面积23.8公顷。1914年在明清社稷坛基础上辟建为公园，名中央公园，是北京市内第一个对市民开放的古典皇家坛庙园林。1925年，孙中山先生在北平逝世，其灵柩由协和医院移放到园内拜殿正中，并举行公祭活动。1928年，为纪念孙中山先生改名为中山公园。1957年10月28日被列为北京市重点文物保护单位，1988年1月13日被国务院批准为第三批全国重点文物保护单位。先后被评为北京市一级公园、首批精品公园、首都文明单位，国家重点公园，国家AAAA级旅游景区。

　　明永乐十八年（1420年），按照《周礼》"左祖右社"营国定制，建社稷坛于午门前天安门至阙门右门以西。每年农历二、八月的上戊日都例行在这里隆重举行祭祀社神（土神）、稷神（谷神）的仪式。除此之外，每遇国家和皇室重大事件必祭祀社稷坛。明朝自永乐十九年（1421年）至清朝宣统三年（1911年），皇帝亲祭或遣官祭祀1300余次。

辛亥革命胜利，封建帝制退出了政治舞台。1913年3月清隆裕太后病逝，定在太和殿公祭。当负责天安门内外指挥事宜的交通总长朱启钤巡视到社稷坛时，看到这里场地宽阔，殿宇恢弘，古柏参天，且地理位置优越，就萌生了辟建公园的念头。1914年热河行宫的古玩陆续运到北京，朱启钤自告奋勇与清室提议将社稷坛交北洋政府开辟为公园。初建时经费不足，便于10月起向社会各界募捐，当时社会上许多名人参与了捐款。经过初步整理，社稷坛1914年10月10日对外开放，称中央公园。辟建之初，朱启钤先生精心规划，开辟园门、道路，增建亭台楼榭、轩馆廊坊；点缀假山名石，铺筑花池绿地，搜集花鸟鱼虫，饲养珍禽异兽；挖塘引水，起土堆山，即池栽荷，就山种树，将一个荒凉破败的古社稷坛，初步建成一个水木明瑟、具有民族风格的综合性公园。

建园后，由于地理位置优越，景色优美，中山公园便成为当时京城内各社会团体、各阶层人士聚集的重要场所。其中有代表性的有中国画学会、行健会、中国书学研究会、中国营造学社、文学研究会、少年中国学会、全国美协等。公园茶座也吸引了一批民国时期重要的文化名人、政治活动家。鲁迅、李苦禅、巴金等，他们在中国近代革命史、文学史上都留下了深刻的印记，也把中山公园这个名字印在了历史的画卷上。

中华人民共和国成立以后，随着公园的建设、管理和服务水平不断提高，中山公园不仅成为广大游客游览、休闲、文化娱乐的园地，也成为党和国家、社会团体举办各种庆典纪念、展览咨询等公益活动的重要场所。公园按照"依坛造景"的建设理念，完整地保存了明清社稷坛的礼制建筑群，并逐步增建了一批园林建筑和景区，形成了独具特色的园林景观及文化氛围。

北京中山公园不仅为游客提供了游览休息的优美环境，同时在改善生态、启迪民众方面也发挥了重要作用。她见证了百年北京城市公共园林的成长历程，见证了一个公园由陈旧破败的皇家祭坛，演变为一个崭新的园林空间，也清晰地留下了许多历史文化印记，闪烁着特有的民族文化光芒。

社稷坛

社稷探源

社稷文化，即社稷守文化。上古时代存有长江流域的"神守文化"和黄河流域的"社稷守文化"两大系统。守，意为封职而守之，在上古时期，含有分封、世家、世袭的意思。综合分析《国语·鲁语下》及《史记·孔子世家》《孔子家语·辩物》的记载及注家所解，可以归纳出古代在叙述"神守""社稷守"的关系时，其叙事逻辑有两条主线：第一条主线是守→山川→之主→名为→群神，第二条主线是守→社稷→之主→名为→诸侯。二者都是天子所封。"社稷"意为土地、百谷，本也没有"国家"的含义，《论语·季氏》载孔子之语"夫颛臾，昔者先王以为东蒙主，且在邦域之中矣，是社稷之臣也"，是将社稷之臣与山川之神同等看待的，而"立社稷而令守之"就是封国。在远古时代，神守与社稷守不分，所有国王都是神而能通于天，神守与社稷守分开，始于夏初。《中国思想的起源》其时代的划分是："神守"与"社稷守"二分成三段：前神守时代，即旧石器时代；神守时代（包括前社稷守时代），即新石器时代；社稷守时代，即夏商周早期国家直到清代。神守文化、社稷守文化体现在文学上形成了周文化代表《诗经》和楚文化代表《离骚》。

社稷沿革

新石器时期

社稷祭祀活动的最早发现是在新石器时期的红山文化遗址，其后在崧泽文化遗址、良渚文化遗址多有发现。崧泽文化距今4900~5800年，属新石器时代母系社会向父系社会过渡的阶段，以首次发现地在上海青浦区崧泽而得名。在其遗址发现东西长50米、南北宽7米的祭台，祭台上分布黑、灰、白不同颜色的土层，是迄今发现最早的五色土祭祀遗迹。

夏商周时期

夏社的具体礼仪形态已难以考证，但夏社的意义却非常巨大。随着夏作为一个奴隶制政权的建立，社的主体含义已经由土地崇拜发展为一种国家的象征。夏社与铸造九鼎一起成为夏王朝的权力和国家地位的典型象征。

商代社祀已经与后代社稷的祭祀相当。商代遗留的大量甲骨文中也保留了很多关于祭祀活动的记载。通过考古发掘偃师商城、殷墟等商代遗址，发现祭祀坑内有柴灰和烧过的兽骨，有学者认为这就是商代举行坛祭的地方。基本可以确定商代社祭祀活动，是谓社的"初始"。

周代社的最大意义在于确立了社稷的分级制。诸侯受封前，要"封人社壝，受命于周"，这种对社稷的分级是与西周分封制相沿而行，互为因果的。诸侯受命于周，所以要取周大社之土受封建社；反过来这种裂土建社，又表明诸侯的权力来源于周王。这种分级则是与国家权力、身份地位等级相一致的。

春秋战国时期，随着分封制的逐渐瓦解，州、里等地方行政组织的作用得到加强，社也更多地开始按照行政区划的等级来建立，而非基于身份的分封社，出现州社、里社等地方社。经过夏商周三代的发展，社完成了从土地崇拜到国家权力象征的转变，有了斋戒、献牲、烧瘗等一整套的祭祀礼仪，并拥有了与国家权力及行政体系相配备的等级，真正意义上的社稷祭祀制度开始建立起来。

秦汉唐宋时期

秦代社稷仅见史书中汉高祖的"除秦社稷，立汉社稷"。

刘邦在起事之初，就曾在枌榆社进行祈祷，第二年又建立"公社"。这种官社大约相当于《礼记·祭法》中的王社，与此同时还建立大社。这样西汉就形成了太社（大社）、官社两套社稷系统，分别对应《祭法》中的大社、王社。到了西汉末，社稷制度有过一次改变,就是在官社(太社)中分出官稷,但很快这个官稷又被废除了。刘秀建立东汉后,建立太社稷,没有官稷,每年祭祀三次,分别在二月、八月、腊月举行。

曹魏初期时,社稷的形态沿袭了两汉的一社一稷,东汉明帝时另建帝社,始有"二社一稷"。其后的南北朝,都因袭此制。

隋朝时在含光门内之右设立太社太稷,不再设帝社。

唐承隋制,社稷也建在含光门之右。唐中宗神龙元年(705年),依朝臣韦叔夏、张齐贤等人建议下诏改先农坛为帝社坛,礼同太社太稷。天宝三年(744年),定社稷祭祀为大祀。

宋代社稷的地位定为大祀,礼节方面与唐没有变化。

金元时期

金代海陵王迁都中都之后,北京开始成为金代的首都。金元两朝都在北京建立社稷坛,作为国家祭祀社稷的场所。

金代遵唐《开元礼》制,以后土勾龙氏配社神,以后稷弃配稷神。金章宗明昌四年(1193年)以前,社稷祭祀活动多以登基、上尊徽号、祈雨等告祭为主,到明昌四年(1193年)二月以后,春祈秋报的常祀社稷制度开始建立。春秋常祀社稷坛的礼仪形式与《开元礼》类似,而在告祭社稷坛的活动中,又以祈雨的记载比较多。但金代社稷祭祀并不由皇帝亲祭,而是由太尉、司徒代为主祭。

至元二十九年(1292年)建社稷坛,至元三十年(1293年)

又采纳御史中丞崔彧的建议，在和义门（今西直门处）划地四十亩，兴建社稷坛。元朝实行社稷分祀制度，社坛和稷坛东西分立，社坛在东，稷坛在西，相距大约五丈。两坛均高五尺、方广五丈。社坛上四方敷设青、赤、白、黑色土，中间是常土，上面覆盖黄土；稷坛上则不用五色土。与唐宋时种植槐树不同，元代社坛和稷坛之南各种植一棵松树。

明清时期

明代社稷坛建筑的基本格局经历了两个阶段。"异坛同壝"阶段：1367年，朱元璋在南京（时称应天府）称帝，国号吴。此时社稷坛位于"宫城西南"。太社在东，太稷在西，皆北向。"同坛同壝"阶段：洪武十年（1377年）十月，命中书省下诏礼部详议社稷之制。礼部尚书张筹依据《尚书·召诰》等礼学依据，认为社稷祭祀"其宜合祭，古有明证"。遂请社稷为一坛，得到明太祖首肯，于是便将社稷坛改建于午门之右，社稷为一坛。明成祖永乐十九年（1421年）正式迁都北京，"凡郊、庙、社稷坛场，宫殿门阙规制，悉如南京"。嘉靖时，大礼仪之争导致各项祭祀制度发生了很大的变化，社稷制度则在原本的社稷坛之外于西苑（今中南海）增加了帝社稷坛，但社稷坛的基本建筑格局没有变化，"同坛同壝"的总体格局沿袭至明末。

清代明而立，社稷坛的规模、格局皆沿用。

社稷建筑

祭祀坛台

正方，高 0.96 米，3 层，与《明会典》《清会典》及《日下旧闻考》等均载"坛制：方，二成"不符。经测量最下层实高一尺左右，应为台基，而非祭台。上层边长 15.95 米，中层边长 16.90 米，台基边长 17.85 米。四面各设一段垂带台阶，居中，四步。青白石砌筑。台上随方布色：东青、南红、西白、北黑、中黄，

社稷坛的五色土坛台（1996年摄）

敷设五色土。每当常祀前一日，要在坛上铺垫五色土。明初，直隶、河南进黄土，浙江、福建、广东、广西进赤土，江西、湖广、陕西进白土，山东进青土，北平进黑土。天下郡县计三百余城，各土百斤，皆取于名山高爽之地。每年春、秋祭，进铺坛土二百六十石。孝宗弘治五年（1492年），由旧制铺坛土厚二寸四分改为一寸，每次用土一百一十石。清代，每当常祭，社稷坛上敷五色土，太常寺前期行文工部转行……涿州春、秋两季，各进黄土十袋又七分七厘，青、赤、白、黑土各九袋；房山县春、秋二季，各进黄土五袋二斤，青、赤、白、黑土五袋；东安县春季进青、黄、赤、白、黑土五十六袋五十斤一两五钱；霸州秋季进黄土十二袋十五斤一两五钱，青、赤、白、黑各十一袋十斤。

社主神牌

太社之神，当受霜露风雨，以达天地之气，故设社主。明清社稷祭祀时兼用石主和木主。石主立在社稷坛中，固定不变；木主则别称"神牌"，祭祀时才放置在坛中，祭祀结束后，则储至神库中。明初社稷祭祀，仅太社神用石主，太稷没有石主。但洪武十年（1377年）始，太社、太稷都使用木主。明代木制太社、太稷神位称"神牌"。配位的神牌也为木制，外涂金。清代社稷，太社、太稷皆用石主，太社位东、太稷位西，除此之外，也使用木制神牌，配位与明代同。

明代石制社主高五尺，宽二尺，上部微尖。清初，太社、太稷木制神牌高二尺五寸，底座高一尺五寸，总高四尺。后因此制与其他坛的神牌相比稍低，雍正六年（1728年）将底座加高一尺，总高五尺，符合"土为五数"的古制。此外，配位的神牌原高二尺四寸，底座高一尺四寸，供奉配位的笾豆案高一尺二寸，总高五尺，亦与古制不符，又将配位的底座及笾豆案加高一尺，总高七尺。

中华民国整修坛墙时，曾挖出社主石，以当时市尺测量，为高三尺五寸，上锐部分中高四寸二分，下方一尺五寸五分，置于坛中央，掩埋与五色土平（据说原为上露尺余，为保护遗迹才增土埋至与五色土平）。

墠垣、围垣

墠垣，方形，今测，周长230.40米，高1.36米，厚0.65米。明代建坛时以砖砌墙，再随方涂以青、赤、白、黑色。清乾隆二十一年（1756年），将墠垣改用四色琉璃砖、瓦砌筑。墠垣四面中间各设一棂星门，白石筑成，门洞高2.80米、宽2.55米，门柱高5.45米、径0.50米×0.50米，柱下内外有抱鼓石，门槛高0.18米，每门原设棂星式朱扉两扇，现已无存。坛台北阶下置鼎炉2个，北棂星门外置鼎炉2个，现已无存。

围垣，砖砌。下肩为城砖干摆，墙身抹红灰，上有城砖干摆冰盘檐，墙帽覆七样黄琉璃瓦，有脊。墙厚1.58米，高6米，周长894.58米。四面设门，均为歇山黄琉璃瓦顶门楼。坛北门为3

间3门，明间门洞高4.23米，门阔3.23米；次间门洞高4.05米，宽3.04米；门槛均高0.24米。坛东、南、西门各1间1门，门洞均高4.10米，宽3.04米。南坛门前，左设嘉量，右设日晷（20世纪50年代已拆除）。坛墙东北角外，衔接向北至御河边有墙一段，比坛墙低0.80米，内外抹红灰；在与阙右门相对处建有大门1座，门楼为歇山黄琉璃瓦屋面，门高5.60米，宽5.15米，大门两扇。祭祀时为皇帝行走之门。其两侧另开一随墙门，门两扇，高3.25米，宽3.10米。

拜殿

坛正北。面阔5间，进深3间，歇山黄琉璃瓦屋面。饰金龙合玺彩画。台基高0.87米。建筑面积950.4平方米。祭祀日遇风雨时行礼之处。无风雨时，设置御幄之所。据《北京古建筑》载："史料中未发现被毁或重建的记录，可能是北京现存明代建筑中最古老的一座。"因此，也是重点保护文物建筑。

辟为公园以后，拜殿主要为政府及社会各界借用集会或作展览之用。由于窗棂破旧且不适用，1923年原窗棂改为玻璃窗，并修补油饰。支出工料款现洋1490.09元。1929年又在室内安放台桌、坐椅，装设电灯，大殿内外油饰一新。

1925年，孙中山先生在北京逝世，其灵柩曾在拜殿停放。1928年，河北省政府和北平特别市政府决定，将拜殿改建为中山纪念堂。改建工程由市政府发起捐资，并派市政府秘书处第二科

中山堂（拜殿）（2017年摄）

工务股长郭养刚，工务局第三科科长、技正林是镇及其秘书王樾，会同中山公园委员会委员葛敬应、王业璋、华通斋、卫心薇、董翔周、孟玉双，12月12日组成"中山纪念堂设计委员会"，负责改建工程的勘估、设计、施工等事宜。工程1929年3月10日动工，5月15日竣工，5月23日8点20分举行落成典礼。改建中山纪念堂的经费依靠机关、单位捐款完成，捐款者有：北平银行公会、北平电话局、北宁铁路局、河北省政府、平汉铁路局、北平税务公署、北平特别市政府、中山公园董事会、北平总商会、河北烟酒总局10个机关单位，捐现洋11 409元，晋钞3347元。除改建中山纪念堂工程、陈设开支外，余款作为建设"中山行馆"备用。收支均由中山纪念堂筹备委员会经管。

改建工程项目是：建筑内外一律见新，堂正门上制作长2.50米、宽1.50米悬斗匾一方，中题"中山堂"三字，蓝地，字为铜制包金，匾四周均镂北平市市花——菊花。堂内正中设讲台一座，宽6米，高1米，纵长4米。台前成弧形须弥座，座心雕市花，台两侧各有台阶，台后设木制壁障，为悬像、挂图之用。座椅为铁腿木面连椅，以扇面形陈列于讲台前，可供600人入座，支出工料费7911元，加上室内设施等项用款3215元，支出11 126元。

北平特别市政府于1929年5月10日训令：中山纪念堂工程竣工，设计委员会撤销后，中山纪念堂应由中山公园委员会负责管理，令中山公园委员会迅速拟订出使用规则。中山公园委员会于6月4日拟订《中山堂借用章程》八条，8日呈报市政府审订修正后，11日正式呈报，6月12日批准实行。

1938年2、3月间，日伪北京市公署据"新民会中央指导部"的公函，训令将中山堂改为新民堂，即行修改匾额文字。经公园第117次委员会议定即行照办。"新民堂"匾额由恽宝惠委员题写，并于3月28日将办理情况和修改后的匾额照片呈报备案。继之，又将《中山堂借用章程》改为《新民堂借用章程》。

1945年8月日本投降以后，随着中山公园园名的恢复，新民堂亦恢复中山堂的名称，并将收藏的原"中山堂"匾额及孙中

1938年的新民堂

山遗像、遗嘱重新奉安原位。当年 10 月 10 日国庆日在中山堂举行庆祝大会。

　1949 年 9 月按市建设局"建五"字第 1333 号文将中山堂交市军事管制委员会,后由军管会交给中国人民政治协商会议北京市委员会使用至今。

　北京市人民政府从 1949 年 8 月至 1954 年 6 月,在中山公园中山堂内召开过四届、12 次北京市各界人民代表会议。

　1954 年 8 月至 1957 年 7 月,北京市的第一届、第二届 6 次人民代表大会,也是在中山堂召开的。

戟殿

　位于拜殿北。面阔 5 间,进深 2 间,明次间为大门。歇山黄琉璃瓦屋面。饰金龙合玺彩画。台基高 0.75 米。建筑面积 644.8

戟殿(中山堂后殿)(2017年摄)

平方米。每门洞两侧原各列 12 只大铁戟，以显示权威，故名"大戟门"，简称戟门。祭祀时，如遇风雨，御幄即移设于此。戟，今无存。1916 年 5 月，教育部在公园办图书馆，将戟门改成殿堂。撤去中间 6 扇大门，前后砌槛墙，安装玻璃门窗，用作图书馆阅览室和藏书库。另在北坛门内以东沿坛墙建北房 7 间，黄琉璃瓦屋面，作为办公室，并就北坛门之东、西门洞加窗设门做储藏室。图书馆初名"图书阅览所"，1917 年 8 月 21 日正式开馆。后几经更名改隶，至 1950 年 7 月 19 日迁出公园，将戟殿连同东侧 7 间琉璃瓦顶平房，一并移交给北京市政协，作为文化俱乐部和宿舍。

神库神厨

坛内西南角建神库、神厨各 5 间并列，皆东向。神库在南，神厨在北，建筑面积 651.2 平方米。均为悬山黄琉璃瓦屋面。台明高 0.36 米。金龙枋心旋子彩画。神库用于安放太社、太稷、后土句龙氏、后稷氏神牌等物品。设神龛供奉神牌，均东向。南奉太社之神，北奉太稷之神，次南奉后土勾龙氏，次北奉后稷氏。神龛施用黄云缎龛衣，龛前陈设怀案 1 张、香案 1 张，用明黄缎案衣。案上设铜香炉 1 个、香靠具 1 个、铜烛台 2 个、香盒 1 个。供案左右设座灯 2 个。每到祭祀时，将神牌请出，祭后收回安放原处。1916 年以后，由内务部主办，在神库内设立卫生陈列所，向市民宣传、普及卫生常识。神厨为制作祭品之处所，并存放各

神厨神库（2017年摄）

种厨具。1916年以后神厨为三善水会会址。

宰牲亭

位于西坛门外以南。北、西、南三面围以矮墙，墙之东端与坛墙相接。北有宰牲门1座，歇山黄琉璃瓦屋面，门楼北向。宰牲亭方形，重檐，歇山黄琉璃瓦屋面。建筑面积143.7平方米。其南有退牲房1间，东向。东有井1口、铁锅2只，用于祭祀屠宰牲畜。1914年辟园时，将已残败的奉祀署和宰牲亭的矮墙拆除，只保留亭子和门楼，并在亭子的金柱间添设门窗隔扇，重新油饰彩画。宰牲亭西侧置"搴芝"石。

宰牲亭（2017年摄）

奉祀署、遣官房

宰牲亭西南处,东、西房各3间,围矮墙,1门,东向,为奉祀署用房。署员由太常寺派遣,专职掌管太社、太稷祭祀事务。其东,遣官房1间,南向,为祭祀期间有关衙门派员监理祀务待值处所。1914年奉祀署与遣官房因年久残败拆除。

值守房

南坛门外,东、西各有北房3间;社稷街门内,南、北各有东房3间(改建公园后拆除),均为硬山,过垄脊,黑筒瓦屋面,建筑面积50平方米。均系乾隆二十一年(1756年)增建,为守卫人员住值处所。

1915年的值守房

坛墙门

外坛周长2237.31米。

东从天安门内至阙右门墙为西庑朝房,在朝房中间,自南而北有社稷街门,5间,歇山黄琉璃瓦屋面,东向,面积349平方米。其北,端门内为社稷左门,3间,东向,歇山黄琉璃瓦屋面,面积 74.30 平方米。现社稷街门与社稷左门均已拆除原大门，安装玻璃门窗，改建成殿堂式房屋。改建时间无载。

南借皇城城墙，在其西段内，建复墙一段与西大墙相接。

西临街建大墙，其北段从银丝沟拐弯处，北至御河边复建一段大墙。

北即以午门西之御河为界。

御道

皇帝祭祀，由午门西出阙右门，经社稷坛正门（现公园东二门）入北坛门、戟门至拜殿前行祭祀礼。此路称御道，原均用条石铺砌。

社稷左门（2015年摄）

社稷祭祀

祭祀种类

常祀。即春祈、秋报。每年仲春（农历二月）、仲秋（农历八月）的上戊日（立春、立秋后的第五个戊日）举行。

告祭。凡皇位授受大典，皇帝登基，恭上皇帝尊号、徽号，册立皇太子等大礼要告祭社稷坛。

祈谢。久旱不雨，先致祭天神、地祇、太岁三坛，七日后仍不雨或雨不足，致祭社稷。雨大则祈晴，冬旱则祈雪。祈雪与祈雨同；祈雨雨足，祈晴天晴，则报谢社稷；若未祈雨而得雨，未祈晴而晴，亦行报祀。

献俘。重大征伐奏凯，向皇帝献俘之日，先遣官祭告太庙与社稷。祭告社稷时，押解战俘跪于社稷街门前。

祭祀祭品

祭祀所献的祭品，种类非常繁多，最主要包括牺牲、粮食蔬菜、酒醴、玉帛等几大类。

牺牲

周朝以后，社祀都是以动物为牺牲。明代祭祀所用的牲牢为四等："曰犊，曰牛，曰太牢，曰少牢。"颜色尚黑或者赤。社稷祭祀时用"牛三、羊三、豕二、鹿一、兔二"。清代祭祀牲牢也分为四等："曰犊，曰特，曰太牢，曰少牢。"根据祭祀的级别、种类的不同，选用不同的牲牢。社稷与天神、地祇等祭祀一样，使用太牢。清初社稷祭祀不用胙牛，顺治四年（1647年）三月后皇帝亲诣行礼时开始使用胙牛。除太牢本身的一牛、一羊、一猪之外，还要充实其他的供器，所以实际使用的牺牲不止此数，品种上还选用鹿及兔，最终的社祀牺牲包括"供牛四、羹牛一、胙牛一（遣官行礼无胙牛），供羊四、糁食羊一，供豕四、豚拍豕一，鹿一，兔四。"但也有因为某种牺牲缺乏，而不得不用其他代替的情形，如光绪二十一年（1895年）二月因为负责提供祭祀所用鹿只的奉宸苑所养的鹿太小，而外镇马兰的鹿又没能及时送来，只得在当年举行祭祀的时候用羊来代替鹿。

省牲

明初定制，大祀由皇帝亲自省牲。嘉靖九年（1530年）改定，祭祀时皇帝不再亲自视牲，改在面奏前两日，由太常寺卿同光禄寺卿面奏省牲。面奏前一日，太常寺须行揭帖，知会司礼监奏省牲。面奏请当日，太常寺卿与光禄寺卿穿朝服在中极殿跪奏领旨省牲。清初社稷省牲，皇帝亲诣行礼前五日亲诣牺牲所视牲。遣官行礼则只派出太常寺、礼部、光禄寺的司级官吏，乾隆之后社稷祭祀一般不再由皇帝亲自省牲。乾隆十七年（1752年），大祀、中祀的省牲礼由御史、礼部、太常寺、光禄寺司官、光禄寺卿各一人参加。

宰牲

清制祭祀前一日黎明宰牲。由太常寺署官先期到牺牲所领取牲只，恭送祭所，厨役将牲只的数量、重量情况，开单呈送监视的各官员。太常寺官员预先设香案于宰牲亭外，东向，施明黄缎案衣，案上陈设铜香炉一，香靠具内实炭塈一个、烛台二，上设二两重黄蜡两支，香盒一，内实降香二两。光禄寺卿等监宰官员环立于周围监视，光禄寺堂官诣香案前西面立，三上瓣香毕，御史、礼部司官暨太常寺典簿监视厨役牵牲只过香案前，按次送至宰牲亭，每宰牛一只，厨役一人诣香案前跪告。宰杀祭祀所用鹿的方法是，厨役在宰牲亭外墙东边先挖一个坑，两尺见方，深也是两尺，监宰各官监视厨役以鹿首、鹿衣瘗于坑内；宰杀牛羊猪的时候，厨役预先设白瓷牛、羊、豕毛血盘各四，每盘盛黄纸条一，各书"牛""羊""豕"字。监宰各官监视厨役取牛、羊、豕毛血少许，实于黄纸之上，恭设于笾豆库。胙牛则由太常寺相关人员宰杀洗涤后，交光禄寺官恭实胙盘。在宰杀完所用的牺牲之后，还需进行褪毛，称之为"退牲"，退牲所用的木柴"牛每只春祭用一百二十斤，秋祭用一百斤；胙牛春祭用一百五十斤，秋祭用一百三十斤；羊每只春祭用三十五斤，秋祭用二十五斤；豕每口春祭用三十五斤，秋祭用二十五斤"。

在祭祀结束后，祭祀所用的牺牲需要分赐给参与祭祀的群臣，即所谓"分胙"的仪式。清时，祭祀所用的牛、羊、猪，在祭祀结束后，都由光禄寺分发给各个衙门。亲诣行礼，尚膳房派拨饔人，于祀日赴祭所领取羊一双、豕一口；如遣官行礼，则不领。其羊、豕交光禄寺，颁胙于各衙门。除了各衙门有分得的胙肉外，如果是遣官行礼，承祭官应给正坛牲只，自行派员领取。皇帝亲诣行礼，配位上的牲只颁给社稷坛守官。

其他祭品

明代大祀除了大宗牺牲外，在供案前还要供奉肉干、谷物、蔬菜、果品，以及香、蜡等物品。介绍如下。

香：降香一百斤又一炷，方香四炷，细块香二斤，盥手檀香五钱，熏燺速香一斤。

蜡烛：二十斤烛六支，八两烛八支，四两烛二十八支，二两烛三百二十支，一两烛五十支，进铜人二两烛十六支，监礼、监宰二两烛十六支，掌乐教师四两烛两支，三生管事二两烛十二支，照道四两烛十八支。

食材：芡实四斤八两，栗子八斤，红枣五斤二两，榛仁五斤四两，菱米五斤十两，香油四斤，砂糖一斤，蜂蜜二两，白盐二斤，盐砖一斤，大笋五两，花椒四两，茴香四两，莳萝二两，栀子四两，醯鱼四斤，鲚鱼四尾。稻米四升，造粉糍粳米六升，造糢饵糯米六升，黍米、粱米各四升，白麦、荞麦各八斤，葱八两，青菜三斤八两，芹菜一斤十二两，韭菜一斤四两，酱一罐，酒九瓶。

纸：告示白榜纸三张，祝版本纸两张，包版黄、白榜纸各一张，斋牌表黄纸一张，包香帛黄咨纸二十张、白咨纸四张。

炭柴木料：木炭五十五斤，木柴三千斤，火杆十根，苇把八十四束（原注：每束重五十斤），竹竿四根。

社稷坛大社、大稷，俱玉爵一，陶爵二，登、筐、俎、尊各一，铏、簠、簋各二。配位同，唯爵皆用陶。祈告，笾六，豆二。

清代祭祀所用各种物品的数量相较明代有大幅增加。皇帝亲诣行礼（常祀）时，根据《咸丰太常寺则例》记载，将每祭用料归纳如下：

香：长七寸、径九分方柱降香四炷，降块香一百六十块，降香一斤十两，细块沉香、白檀香、沉速香三样合重四两。

蜡烛：六两重挂红白蜡八支，五两重挂红白蜡两支，三两重挂红白蜡两支，三两重挂红白蜡两支，三两重白蜡一支，二两重挂红白蜡二十八支，一斤重黄蜡六支，三两重黄蜡一百三十四支，二两重黄蜡十六支。

食材：红枣七斤八两，栗子九斤，榛仁六斤八两，菱米十一斤，芡实十三斤，醢鱼十斤，大鳡鱼四尾，小鳡鱼四尾，大笋八片，白糖一斤，白蜜二两，栀子二两，花椒二两，茴香二两，莳萝二两，黍米、稷米、稻米、粱米各四升，糗饵粉糍稻米两斗，酏食稻米四升，糁食稻米四升，白麦八斤，荞麦八斤，青菜十二斤，韭菜四斤，芹菜六斤，葱八两。此外，春祭还需用香油一斤。供酒二十八瓶。洗鱼酒一瓶，砖盐三斤，白盐一斤。

炭柴木料：退牲木柴春用一千零九十斤、秋用八百五十斤，胙牛春用木柴一百五十斤、秋用木柴一百三十斤，木炭五斤十两，炭擘二十三个，秋祭还需用漂牲净冰四十八块。

如果是遣官代祭，祭品相对皇帝亲诣行礼有一些变化，蜡烛方面，领用六两重挂红白蜡，其余白蜡停用；黄蜡方面，减去三两重黄蜡一百三十四支，增用二两重黄蜡四十支。此外，由于遣官行礼不用胙牛，所以胙牛木柴的项目也相应减去。

玉帛

祭祀社稷用玉器作为贡品。明清时期，祭祀所用的玉分为三等：苍璧、黄琮、珪（玉）。太社、太稷位分别供奉黄珪与青珪，两珪的大小形制一样，都是方形，直径为三寸，厚三分，左右两边各伸出一个剡首，厚度是二分，旁厚二分出点头，底厚三分。清初仅春秋常祀社稷时用玉，但祈雨谢雨时并不用玉。乾隆二十四年（1759年），乾隆帝敕令嗣后祈谢时须用玉，成为定制。清代郊祀、礼神、告祀、奉先、展亲、报功，用素帛黑色，上面分别用汉文篆体与满文书写"礼神制帛"四个字，祭祀时，用帛四块。

祭祀祭器

种类数量

洪武元年（1368年）定：春秋常祀社稷坛用铏三，笾豆各十，簠簋各二，配位同。正配位皆设酒樽三于坛东。洪武十一年（1378年）改定：每位登一，铏二，笾豆十二，正配位设酒樽三，爵九。后太祖、成祖并配时，增酒樽一，爵三。除此之外，祭祀还需用炉、灯、壶等祭器。嘉靖九年（1530年），社稷改制，罢除以仁祖淳皇帝配位，恢复明初的配位，太社以后土句龙氏配，太稷以后稷氏配。此时社稷坛祭祀的正配神位四个。祭器如下：

爵两个、磁爵十一个、银勺两把，登四个、铏八个、簠盘、簠盘各八个，笾盘、豆盘各四十八个，毛血盘十二个，馔盘四个，筐箱四个，锡拆盂两个，汤壶四把，锡盆四个，三牲匣四副，笾豆亭四座，屏息六个，铜炉四个，烛台四对，神座四座，案桌四张，帛桌四张，祝座一座，孔桌一张，马桌四张，朝灯六座，铜灯并纸方灯四十四座，铜鼎四个，铜锅七口，铜缸四口，漂牲桶四只，扛汤桶四只。

清代同明制。太社位陈设神牌孔座一座，怀案一张，笾豆案一张，俎一个，花香案一张，案后方稍东有馔桌一张。太稷位陈设除了桌在案后稍西外，其余都与太社位相同。后土句龙氏配位陈设神牌孔座一座，下施垫桌一张，怀案一张，座前陈设笾豆案一张，俎一个，花香案一张，案的左边有馔桌一张。后稷氏配位陈设与句龙氏配位大体相同，只有馔桌在花香案的右边。登铏笾豆簠簋等大宗祭器在神位前的桌案上陈设，四位：簠、簋各八个，笾、豆各四十八个，登四个，铏八个，爵十二个，筐、俎、樽各四个。

规制

明代洪武初年祭器多用瓷。嘉靖九年（1530年）更定祀典，分建四郊，调整各坛所用祭器的式样，登、铏用瓷碗代之，笾、豆、簠、簋皆以瓷盘代之。清初祭祀制度大都因袭明朝，祭器也都是沿用明朝的瓷质碗、盘。雍正时改范铜。乾隆时，改用瓷。社稷所用祭器：樽在社稷正位，中用玉，两边两个用陶，配位三个樽均用陶，除笾用竹外，登、铏、豆、簠、簋诸器不再用瓷，改用陶。色彩因社稷与方泽都祭地，因此采用与方泽一致的黄色。

登：盛肉食的祭器。上面有纹案，口是回纹，中间是雷纹，柱上有饕餮纹。上有盖。在祭祀时被用来盛肉食中的"太羹"。

铏：鼎的一种。两耳三足，口部是藻纹，口下有回纹，铏腹有贝纹，上有盖，盖上也有回纹、藻纹、雷纹。在祭祀时被用来调和五味的肉汁，即"和羹"。

簠：盛谷物的祭器。方形，四面都是夔龙纹，有足，两耳，为夔龙状。上有盖，盖上有棱，盖上也有两个夔龙耳。用以盛稻粱。

簋：盛谷物的祭器，形制、花纹与簠类似。

笾、豆：用于盛果品和酱胙的祭器。祭祀社稷时，笾为竹制，豆以陶制，形状类似于今天的高脚杯，上有盖，外面和盖都漆以黄色。

俎：载放牺牲的祭器。俎用单数，笾、

祭器登

祭器铏

祭器簠　　　祭器笾　　祭器豆

豆用双数，以体现阴阳之义。木制方形，似匣子，中间隔分为三部分，分别放置牛、羊、豕。

樽：盛酒醴的祭器。多为青铜制，社稷祭祀时，三樽，中间为玉制，两边为陶制，形制朴素，圆形，鼓腹侈口、高圈足，有两耳，牺首状。

祭器俎

祭器樽

供奉位次

朱元璋吴元年（1367年），明朝初设社稷坛时为"异坛同壝"，供奉的位次为：太社神位位于社坛之南，正中，后土氏配位位于社坛之东，西向；太稷神位位于稷坛之南，正中，后稷配位位于稷坛之西，东向。正、配每位各设十笾于神位之左，十豆于神位之后。簠、簋各二，登、铏各三，位于笾、豆之间。俎三，位于簠、簋之前。香烛案于俎前。爵占沙地于香案之前。祝版位于神位之右。正位樽四于坛之侧。社在东，稷在西。配位各四尊，次之玉帛，篚位于酒樽之北。

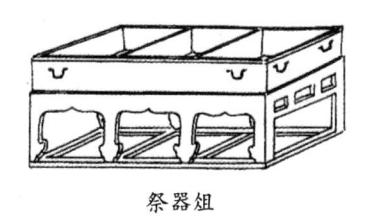

洪武十一年（1378年）后，社稷坛改为"同坛同壝"，不再分社坛、稷坛，但社主、稷主的神位及配位的位次不变，依然是：太社居东，北向；太稷居西，北向。后土句龙氏居东，西向，后稷氏居西，东向。除了数量有变化外，摆放位次基本不变，依然尊在神位、配位之前，樽前是登、铏，一登在中，两铏在侧；再往前是笾、豆、簠、簋，笾、豆分列左右，中间是簠、簋，簠在左，簋在右。

主要祭器供品的位次如下：太社、太稷神位前怀桌上各设爵垫一、登一、铏二。笾豆案上各设簠二、簋二，在中间；笾、豆各十二个，分列两边。笾豆案前设俎一，俎分为三块区域，中间放牛，左右两边各放羊、豕。再往前是花香案，案上设铜炉一，香靠具，羊角灯二。玉帛篚放在东西两旁的接桌上，行礼唱"奠玉帛"时，奠于花香案正中。玉爵一、陶爵二先放在奠桌上，行礼时，三献各奠于爵垫之上。配位的陈设与正位相同，只是爵都用陶，篚里不设玉。

社稷坛行祈雨祈晴礼时，不进俎，不用登、铏、簠、簋，笾只使用六个，豆用两个，太社位、太稷位的供奉相同。因事祗告社稷坛时，陈设与祈谢礼相同，唯不用玉。

祭祀斋戒

确定日期

洪武四年（1371年），定天子亲祀斋五日，遣官代祀斋三日，降香斋一日。洪武六年（1373年）定祭社稷致斋二日。洪武十一年（1378年），改定祀典，社稷升为大祀，所以改为致斋三日。此后，社稷致斋三日终明一代未变。清代社稷属大祀，致斋三日。国家典礼众多，斋戒期内经常会遇到国家典礼，出于对祭祀的重视，明清两代遇到此类情形时，一般都将典礼提早或延后，以保证斋戒的完整。

人员及地点

明制，社稷祭祀，唯陪祭执事等官斋宿，其他官员并不斋戒。到万历后，规定除有年老、残疾、疮疥、体气、刑除、丧过等情形外，文官五品以上，六科给事中，武官四品以上，皇亲、指挥、千户等官须斋戒陪祀。清初规定亲祭社稷，亲王、郡王在紫禁城内致祭。文职郎中以上，武职冠军使、轻车都尉、京营参将、游击以上，在官署内斋戒三日。如果是遣官行礼，则只需皇帝斋戒，诸王以下，辅国公以上不必斋戒。乾隆十三年（1748年）议准：直省文职督抚以下，道府以上；武职将军、都统、副都统、提镇以下，协领副将以上，现任来京者，需要在祀前四十日咨吏部、兵部，并在斋戒日期，均在附近地方斋宿。如果身体有病或丧服的不得斋戒，有期服者，一年不参与斋戒，亲丧者二十七月不与祭祀。康熙十三年（1674年）进一步明确，大功、小功、缌麻在京逝世的，一月不得参与斋戒；在京闻讣者，十日不得参与斋戒。如果参与斋戒陪祀的因身体状况、年龄等因素，也可不参加斋戒陪祀。乾隆三十七年（1772年）定王公大臣有年逾六旬者，凡遇祀典，自行酌量，或致斋而不陪祀，或并不能致斋，一听其便。

斋戒事项

斋戒时须"沐浴更衣，出宿外舍，不饮酒，不茹荤，不问疾，不吊丧，不听乐，不理刑名"。大祀斋戒之前，百官要接受传制誓戒。百官接受誓戒后，须严格恪守斋戒的规定，不得行禁行之事。

若百官已受誓戒，而吊丧、问疾、判署、刑杀、文书及预筵宴者，皆罚俸钱一月。已受誓戒人员散斋，不宿净室，罚俸钱半月。致斋不宿本司者，罚俸钱一月。清代斋戒遵守事项与明代相似，须静心，不宴会，不听音乐，不入内寝，不问疾，不吊丧，不饮酒，不食葱韭薤蒜，不祈祷，不祭神，不扫墓，前一日须沐浴。但在斋戒期间，除了刑名外，依然照常办事。嘉庆五年（1800年），考虑到办事的必要，恐事情多有积压，除了刑部外，其余寻常事件各衙门依然照常办公。

稽查

稽查斋戒的大臣，每祭前期由太常寺行文兵部照例奏派。奉旨后，兵部以皇上钦点的大臣职名和旗分，开写送太常寺。届时，所派之查斋大臣，派人到太常寺领取已分定的被查衙门斋戒职名，以便按职名稽查。八旗满、蒙、汉护军相互稽查；六部归六科稽查；各卿衙门归御史稽查；奏派的各部衙门、查斋科道由都察院查办；都察院归右翼正黄、正红、镶红、镶蓝四旗稽查；太常寺即照兵部奏派之右翼查斋大臣内，按次轮流稽查。

派出之查斋大臣如在斋戒以前遇有出差等事故，兵部可另行奏派。如在斋戒期内有出差事故兵部又不及奏派时，太常寺即于原派大臣内分别代为稽查。查斋人员每日于昼夜各稽查一次，如有不到者指名参奏。

斋戒牌

为了提醒斋戒的百官，使其恪守斋戒的规定，不行僭越之事，明初命礼部铸铜人。铜人高一尺五寸，手执简书曰"斋戒三日"。

设立斋戒牌于斋所。洪武五年（1372年）又进一步命诸衙门各置木斋戒牌，上刻文"国有常宪，神有鉴焉"，凡遇到祭祀，都要设立。清代也设斋戒牌铜人，大祀之前太常寺要具奏请进铜人，社稷祭祀虽列位大祀却不须具奏。清代铜人与明代大小一致，也是高一尺五寸，手持铜牌，铜牌的前后面各书满文"斋戒"二字，此外还树立木牌，饰以黄纸，上用满汉两种文字写上斋戒日期。斋戒者胸前左侧佩戴斋戒牌。牌宽一寸，长二寸，以满文、汉文书写"斋戒"二字。祭祀社稷坛前，铜人在乾清门安设三日。

祭祀祝版

前期事宜

祀前二日，太常寺以绿头牌具奏皇上，并恭进阅祝版仪注（即阅祝版行礼程序）。太常寺前期行文钦天监，查明阅祝版日的日出时刻，送寺写入仪注中。选派阅祝版候时官二人，职名送寺，于祀前二日赴太常寺守晚负责启奏时辰。恭送祝版所用之祝版亭，安放在太常寺公署正堂，待次日鸣钟时，由厨役送至午门前等候安设祝版。前期将阅祝版事宜知会侍卫处、上三旗护军统领、起居注、内务府、銮仪卫。前期知会景运门护军统领转传各门章京，请、送祝版时，出入不得拦阻。

阅祝版礼仪

阅祝版日，太常寺堂属各官，率赞礼郎、候时官于鸣钟时，进内预备。预设供祝版黄案于中和殿内正中。太常寺堂官率属自内阁恭请祝版，预设于太和殿内。礼成后，恭送祝版至社稷坛，前导以御仗、提灯各一对，署官十人左右列行，太常寺属各官恭随于后，并派遣值班章京率护军校两员、护军二十二名护送，由太和门、午门、端门各中门行走，入社稷街门、坛南门至神库，奉安于祝版案。

祝版

木质、方形，横一尺二寸，高八寸四分，厚三分，下承以座，版上饰以白纸黄边。恭送内阁，由中书恭书祝辞，大学士敬书御名，书后尊藏于洁室，待太常寺恭请。

礼仪

阅祝版日，太常寺堂官一员与候时官预赴乾清门，至时启奏。皇上御龙褂、挂朝珠（遇忌辰同），升中和殿进东隔扇西向立。奉祝版官一人从太和殿恭奉祝版，由前引官十人，提炉一对恭导至中和殿阶下，奉祝版官恭奉祝版，进中和殿中隔扇，至案前，设于祝版架上，行一跪三叩后，退至西边立。太常寺堂官就案前展祝版，铺拜褥官跪。皇上诣案前立视祝版毕，升拜褥行一跪三拜礼后，仍转东边西向立。展祝版堂官复至案前收祝版，铺拜褥官跪启，奉祝版官到案前一跪三叩，恭奉祝版由殿中隔扇出，请祝版架、案官各奉祝版架、案由西隔扇出，太常寺堂官跪奏礼毕，皇上还宫。

祭祀服饰

明代祭服

分为皇帝祭服、太子和诸王祭服，以及文武官员祭服三个等级。洪武元年（1368年），社稷等祀，服通天冠，绛纱袍。洪武三年（1370年），更定祭社稷、先农、册拜服衮冕。洪武四年（1371年），定祭社稷用皮弁服。洪武十年（1377年），社稷升为大祀，九月，明太祖具服冕服祭社稷坛。洪武二十六年（1393年），皇太子陪祀社稷服衮冕。亲王助祭服衮冕。洪武四年（1371年），群臣陪祭各服本品梁冠祭服。洪武二十六年（1393年）定，祭社稷，则大红便服。经过历次的变动，到洪武二十六年（1393年）社稷祭祀所用的祭服基本确定。明代祭服具体样式经过洪武、永乐、嘉靖三个主要的发展阶段。以冕服为例，洪武二十六年（1393年）所定衮冕规制：衮冕十二章。冕，版宽一尺二寸，长二尺四寸。冠上有覆，外黑内红。圭，长一尺二寸。衮，玄衣纁裳，十二章如旧制。中单以素纱。红罗蔽膝，上宽一尺，下宽二尺，长三尺，织火、龙、山三章。革带佩玉，长三尺三寸。大带素表朱里，两边用缘，上以朱锦，下以绿锦。大绶，六采黄、白、赤、玄、缥、绿织成，纯玄质五百首。凡合单纺为一系，四系为一扶，五扶为一首。小绶三，色同大绶。间织三玉环。朱袜，赤舄。永乐三年（1405年）改定：冕冠以皂纱为之，上覆曰綖，桐板为质，衣之以绮，玄表朱里，前圆后方，以玉衡维冠，玉簪贯纽，纽与冠武足前体下曰武，绶在冠之下，亦曰武。并系缨处，皆饰以金。綖以左右垂莛纩充耳，用黄玉。系以玄纮，承以白玉瑱朱纮。余如旧制。玉圭长一尺二寸，剡其上，刻山四，以象四镇之山，盖周镇圭之制，异于大圭不瑑者也。以黄绮约其下，别以囊韬之，金龙文。衮服十有二章。玄衣八章，日、月、龙在肩，星辰、山在背，火、华虫、宗彝在袖，每袖各三。皆织成本色领褾襈裾。褾者袖端。襈者衣缘。纁裳四章，织藻、粉米、黼、黻各二，前三幅，后四幅，前后不相属，共腰，有辟积，本色綼裼。裳侧有纯谓之綼，裳下有纯谓之裼，纯者缘也。中单以素纱为之。青领褾襈裾，领织黻文十三。蔽膝随裳色，四章，织藻、粉米、黼、黻各二。本色缘，有纰，施于缝中。玉钩二。玉佩二，各用玉珩一、瑀一、琚二、冲牙一、璜二；瑀下垂玉花一、玉滴二；瑑饰云龙文描金。自珩而下系组五，贯以玉珠。行则冲牙、二滴与璜相触有声。金钩二。有二小绶，六采黄、白、赤、玄、缥、绿纁质。大绶，六采黄、白、赤、玄、缥、绿纁质，三小绶色同大绶。间施三玉环，龙文，皆织成。袜舄皆赤色，舄用黑绚纯，以黄饰舄首。嘉靖时，嘉靖帝与阁臣张璁、杨一清等讨论冕服的改制，最终又进行了一些改动：冠以圆匡乌纱帽，旒缀七采玉珠十二，青纩充耳，缀玉珠二，余如旧制。玄衣黄裳，衣裳各六章。洪武间旧制，日月径五寸，裳前后连属如帷，六章用绣。蔽膝随裳色，罗为之，上绣龙一，下绣火三，系于革带。大带素表朱里，上缘以朱，下以绿。革带前用玉，其后无玉，以佩绶系而掩之。中单及圭，都用永乐间制。朱袜，赤舄，黄绦缘玄缨结。

清代祭服

社稷坛常祀、祈谢、因事祇告时,服色各不相同。嘉庆十九年(1814年)定:亲祭社稷坛之前,看牲、进铜人、阅视祝版时,皇上穿龙袍、挂朝珠,执事官员都穿补褂、挂朝珠。如遇到朝期、忌辰也不改服色。遣官告祭社稷坛,前期恭请祝版,执事官都穿补褂、挂朝珠。祭日均穿朝服。亲诣社稷坛祈雨,前期阅视祝版,皇上冠雨冠,御元青褂、蓝袍。祭日与阅祝版时服色相同,执事官服色与皇帝相同。社稷坛谢雨,皇帝、执事官的服色都与常祀相同。遣官祈雨谢雨和前面一致。嘉庆六年(1801年)定社稷坛祈晴谢晴服色。亲诣社稷坛祈晴,前期阅视祝版并祭日,皇上均御常服,挂朝珠,执事官员与此一致。谢晴时,前期阅视祝版与常祀同,祭日皇上御龙袍、龙褂,执事官咸蟒袍、补褂。遣官行礼时,与此一致。

社稷祭日或者斋戒期遇与忌辰或丧服期相重合,清代一般的处理方法是以祭祀服色优先,待祭祀斋戒结束之后再恢复。

逢丧期:斋戒时,执事官着常服、挂朝珠。

遣官代祭时,代祭官着朝服。

承祭官省牲及斋戒均用素服。

逢忌辰:斋戒时,皇上御常服,陪祀执事官着常服、挂朝珠。无执事及不陪祀的王公大臣等俱常服、不挂朝珠。

祭祀礼仪

陈设

祀前一日太常寺堂官率属将神座按位次恭设于坛上。

太社位陈设：神牌孔座一个，怀案一个，笾豆案一个，俎一个，花香案一个，案后稍东馔桌一个。太稷位陈设：与太社位同。

后土句龙氏位陈设：神牌孔座一个，下用垫桌一个，怀桌一个，再下垫桌一个，笾豆案一个，花香案一个，案左馔桌一个。后稷氏位陈设：除馔桌在案右外，余与后土句龙氏位同。

子阶下稍西设祝案一个，北向；东设尊桌一个，接桌一个，均西向；西设福胙桌一个，尊桌一个，接桌一个，均东向。

东棂星门外墙北设接福胙桌一个，东、南、西棂星门内正中各设香案一个。

坛下东、西各设神龛两座，如遇风雨，将神牌移放龛内。备长竿各二，祭时由典守官四人，各执一竿相对侧立以御飞禽。

清雍正六年（1728年）议准：正位笾豆案原高一尺二寸，较各坛稍低，应将笾豆案加高一尺三寸，总高二尺五寸，以符五五之数。配位笾豆案高一尺二寸，应增高一尺，以符体制。又雍正十二年（1734年）议准：社稷坛东旁向不设案，太社及后土勾龙神位处司香官奉香盘拱立甚久，恐有不能竭尽恭敬之处，照依坛西旁规制增设一案，以便将香盘等物安于案上，使陈设整齐，以表诚敬。

祀日。太常寺堂官于半夜时分率属入坛，燃烛明灯，陈祭祀器物于案。

太社位：怀案陈爵垫一个，登一个，铏两个；笾豆案陈簠两个，簋两个，笾十二个，豆十二个；俎陈牛一，羊一，豕一；花香案陈铜香炉一个，香靠具一个，羊角鱿灯两个；馔桌陈馔盘一个，盘内放每种供品各少许。太稷及两配位：所陈器物均与太社位同。

祝版案陈祝版一个，羊角灯一个。

东尊桌陈正位樽一个，疏布幂实酒八瓶，银勺一个；配位尊一个，疏布幂实酒六瓶。

东接桌陈正位的玉爵一个，陶爵两个，帛篚一个，内盛黄圭一个，黑色礼神帛一方，端香盒一个，内盛方柱香一炷、降香四十块；配位的陶爵三个，帛篚一个，内盛黑色礼神帛一方，端香盒一个，内盛方柱香一炷、降香四十块。

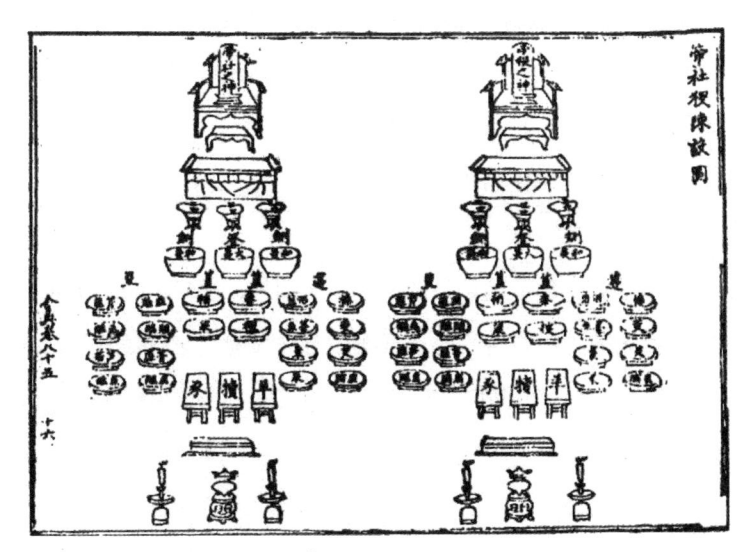

帝社稷位次图

福胙桌陈壶一个，内实福酒，盘一个，内实福胙。

西尊桌、接桌所陈设器物，除帛篚内盛青圭一方外，其余与东尊桌、接桌同。

东、南、西三棂星门香案，各陈铜炉一个，香盒一个，内盛降香二两。

北棂星门内外各两只鼎炉，每只实降香五两，炭墼一个。

将存放于笾豆案的毛血盘移陈于瘗坎前，瘗坎西设牛毛血盘，北设羊毛血盘，南设豕毛血盘各四个。

銮仪卫官于北坛门外设降轿棕垫，于幄次外设盥盆。

陈设完毕，太常寺博士前引礼部堂官一人，升坛，诸正位、配位依次周视所陈祭品。

设灯

庙儿灯：戟殿前后东隔扇外左右各一个，拜殿前后东隔扇外、中隔扇外、阶下，左右各一个；御拜位左右各两个；北棂星门内外，左右各一个；坛上下，左右各两个。

红纱灯：坛后南阶下，左右各一个；拜殿内，左右各一个；戟殿内外，左右各一个。

红纸插灯：自社稷坛正门内至北坛门外，设二十二对；北坛门内至戟殿前，左右各六对；戟殿后至拜殿前，左右各八对；拜殿后，左右各八对；御拜位左右各两对；东、西、南棂星门内外，左右各一对；坛前、坛后，左右各一对；东、南、西坛门内，左右各一对；社稷街门外，左右各一对；街门内至南坛门外，左右各八对。嘉庆十九年（1814年）定：社稷坛添设插灯七十六盏并设石座。

设乐悬

乐部率协律郎于北墉门内设中和韶乐乐悬,分东、西悬,均南向。

卤簿

即帝王驾出时扈从的仪仗队。明代祭祀社稷坛,以大驾卤簿,从中去掉白泽旗以下至玄武旗十九项和豹尾以及大凉步辇、大马辇、小马辇、玉辂、大格,其余即为祭社稷坛之卤簿。

清太宗天聪六年(1632年)定仪仗之制,凡国中往来,御前旗三对、伞两柄、校卫六人,其制甚简。自天聪十年(1636年)改元崇德,始定御仗数目及品官仪从。到世祖入关定鼎,参稽往制,量加增饰,定皇帝仪卫有大驾卤簿、行驾仪仗、行幸仪仗之制。乾隆十三年(1748年),更大驾卤簿为法驾卤簿,行驾仪仗为銮驾卤簿,行幸仪仗为骑驾卤簿,三者合为大驾卤簿。

此后,皇帝亲祭社稷坛陈法驾卤簿,不设前部大乐。法驾卤簿设有前列导象、五辂、铙歌乐、各种瓜、杖、旗、纛、麾、幡、伞、扇等一百一十八件。使用民尉、云麾使、治仪正以及前扈后管王公大臣、侍卫一千七百三十一人。

执事

皇上亲诣行礼,执事官员三百一十三人:礼部侍仪堂官两员,监礼司官六员,都察院侍仪堂官两员,监礼御史六员,光禄寺奉福胙堂官两员,侍卫处接福胙侍卫两员,钦天监候时官两员,銮仪卫司盥洗官一员,司巾官一员,司拜褥官两员,司香垫官两员,工部预备幄次官两员，鸿胪寺引陪祀官两员，乐部典乐官一员，翰林院记注官四员，太常寺赞引官、对引官、典仪官、唱乐官、读祝官、赞赐福胙官各一员，司香官、司帛官、司爵官、执竿官各四员，引视笾豆官、引点香官、数帛官各一员，监礼官、继烛官各两员，引舞官四员，司祝版灯官、看守瘗池官各一员，神厨神库看守官各两员，奏时辰官三员，扫毯官两员，端灯官三员，东、南、西三棂星门，正门，东、南、西、北四坛门看守官各两员，接仪注官一员，预备官两员。

执事生有：司尊六人，乐生七十六人，文、武舞生各六十四人。

遣官行礼时，除太常寺赞赐福胙官、光禄寺奉福胙堂官、预备福胙官、銮仪卫司拜褥等官、侍卫处接福胙侍卫、礼部和都察院监礼侍仪堂官、乐部典乐官不用外，坛前监礼纠仪改用礼部司官、都察院御史，其余执事均与亲诣行礼同。

辨位

春、秋祭皇上亲诣行礼位次：皇上拜位在北棂星门外正中，南向。各王公拜位在拜殿之前的甬道左右，左翼居东，右翼在西。王公位的东、西侧为百官拜位。东西各五班，均重行异等，东位西为上，西位东为上。亲诣行礼执事人员位次：北棂星门外銮仪卫司拜褥官一员，立于皇上拜位之右，面东。太常寺司祝版灯官一员、读祝官一员，立于祝案之西，面东。司香官两员、司玉帛官一员、司爵官两员、光禄寺奉福胙堂官两员、太常寺赞福胙官一员、銮仪卫司香褥官一员，序立于西案之西，面东。司香官两员、司玉帛官一员、司帛官一员、司爵官两员、銮仪卫司香褥官

社稷坛

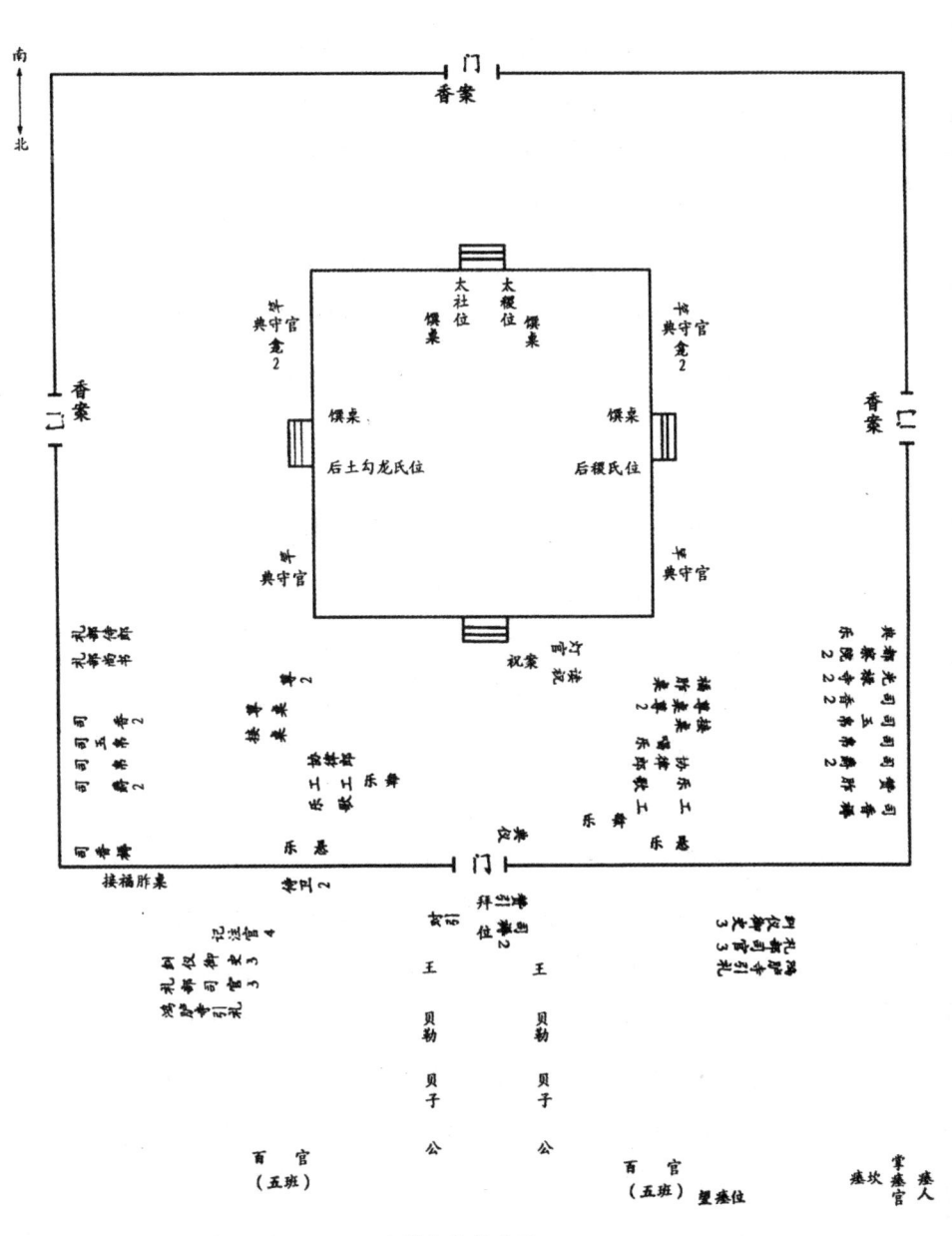

```
                    门
                   香案

         典守官   太  太   馔桌   典守官
         馔桌 2  社  稷          馔桌 2
              位  位

      馔桌                        馔桌
   门  后土勾龙氏位              后稷氏位   门
  香案                                    香案
         典守官                  典守官

                   祝案
                   汀林呼祀

   礼等恭宣牛  接宰           捧福胙协乐工 2   乐舞共司司司司5
   司司司司5     桌 2          捧馔  乐工 2      司禁奉殷奠帛
   宣举馔奉读                  香典爵读祝     乐民乐 2 2 2
                               2 2
         接福胙桌    乐悬   乐舞        乐悬
                   鼓 2    门

                         引礼 2
                         拜位
                         引赞 2
              王           王           引赞礼部读祝 3 3
              贝勒         贝勒
              贝子         贝子
              公           公

         百官              百官            瘗坎掌瘗瘗
        （五班）           （五班）望瘗位   官人
```

亲诣行礼位次图

一员,序立于东案之东,面西。侍仪礼部堂官两员、乐部典乐官一员,立于西边之南,面东。唱乐官一员,立于西乐悬之前,面东。举麾、对麾、引舞生、乐工序立于东、西乐悬之次。歌工立于乐工之次。乐舞生文、武八佾分行序立,西边的在歌工之左,东边的在歌工之右,均为西列东上,东列西上。典仪官一员在乐工之北,西位东面。接福胙侍卫两员,立于北棂星门外之东。记注官四员,立于侍卫之次,均西向。纠仪御史六员、礼部司官六员,分立于陪祀王公、百官拜位前,东、西向。鸿胪寺官两员,分立于御史、礼部司官之次,东、西向。掌瘗官率瘗人立于瘗池西北隅。

遣官行礼位次:承祭官拜位在北棂星门外甬道正中,南向。陪祀百官拜位在拜殿前的东西隅,东、西各五班,均重行异等,东位西上,西位东上。

执事人员位次:太常寺司祝版灯官一员、读祝官一员,立于祝案之西,面东。序立于西案之西,东案之东各有司爵官两员、司玉帛官一员、司帛官一员、司香官两员,案东者面西,案西者面东。纠仪御史四员、礼部司官两员,分立于东、西案之南,东面西向,西面东向。司乐协律郎、乐工序立于东、西乐悬之次。歌工立于乐工之次,乐舞生文、武八佾分行序立,西在歌工之左,东在歌工之右,皆西列东上,东列西上。太常寺典仪官一员,在乐工之北西位。东、西纠仪御史、礼部司官各四员,分立于陪祀百官拜位前,面东、西。鸿胪寺官两员,分立于礼部司官之次,面东、西。掌瘗官率瘗人立于瘗池西北隅。

祈祀行礼位次:神位只设主位,不设配位。不设饮福酒和受

社稷坛 / 45

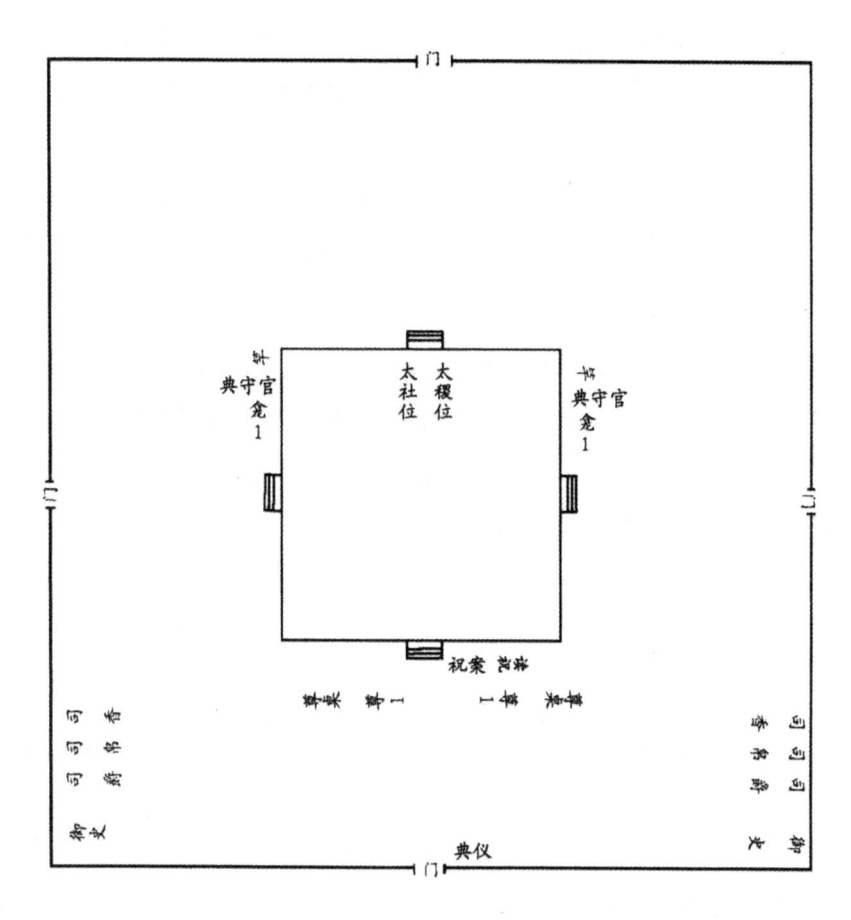

遣官行礼位次图

胙礼。不设馔桌、福胙桌、接福胙桌，只设东、西尊桌各一个。不用奉福胙光禄寺堂官，接福胙侍卫及赞福胙官。用司香、司玉帛、司爵各二人，分东、西序立。坛台的东、西阶下各设神龛一座，典守官二人，各执长竿相对而立以御飞禽。其余各位次与春、秋祭同。

因事祇告遣官行礼位次：不设配位，不作乐，不陪祀。设祝案一个，东、西尊桌各一个。承祭官拜位在墙北门外甬道正中，南向。

执事人员位次：读祝官一人，立于祝案之西，面东。司香、司帛、司爵各二人，分立于东、西案之后，西边面东，东边面西。纠察御史二人，分立于东、西案之北。典仪一人，立于墙北门内西侧，面东。掌瘗官率瘗人立于瘗坎西北隅。

陪祀

皇上亲祭社稷坛，各宗室王公大臣需行陪祀。凡宗室奉国将军以上，八旗满洲、蒙古、汉军轻车都尉以上，文职科、道、郎中以上，武职协领、副将以上，外任来京文职知府以上，武职协领、副将以上官员均行陪祀。

乾隆元年（1736年）奏准：陪祀各官员俱于午门外会集，候午门鸣钟，方允许依次入内排班恭候。如有先入及登阶观望者，查出参处。

迎送

皇上亲诣行礼，各不陪祀满汉文武大臣以下，有顶戴官员以上者，均于祀日五更穿朝服赴午门外会集祇候，待圣驾出入时跪送、跪迎。送迎人员有在城外居住者，行文兵部及步军统领衙门，于祀日五更前启正阳门放入。送迎各官，由齐班御史查验，按册核对，如有旷误者，指名参奏。

祭祀礼乐

乐章

历代的祭祀乐章都选用佳名，如隋用"夏"、唐用"和"、宋用"安"，明代采唐之制，用"和"字，各祀乐章都以"某和之曲"命名。洪武元年，太社稷异坛同墠乐章。

迎神，《广和之曲》：五土之灵，百谷之英。国依土而宁，民以食而生。基图肇建，祀礼修明。神其来临，肃恭而迎。

奠币，《肃和之曲》：有国有人，社稷为重。昭事云初，玉帛虔奉。维物匪奇，敬实将之。以斯为礼，冀达明祇。

进俎，《凝和之曲》：崇坛北向，明禋方阐。有洁牺牲，礼因物显。大房载设，中情以展。景运既承，神贶斯衍。

初献，《寿和之曲》：太社云，高为山林，深为川泽。崇丘广衍，亦有原隰。惟神所司，百灵效职。清醴初陈，颙然昭格。句龙配云，平治水土，万世神功。民安物遂，造化攸同。嘉惠无穷，报祀宜丰。配食尊严，国家所崇。太稷云，黍稷稻梁，来牟降祥，为民之天。丰年穰穰，其功甚大，其恩正长。乃登芳齐，以享以将。后稷配云，皇皇后稷，克配于天。诞降嘉种，树艺大田。生民粒食，功垂万年。建坛于京，歆兹吉蠲。

亚献，《豫和之曲》：太社云，广厚无偏，其体弘兮。德侔坤顺，万物生兮。锡民地利，神化行兮。恭祀告虔，国之祯兮。句龙配云，周览四方，伟烈昭彰。九州既平，五行有常。坛位以妥，牲醴之将。是崇是严，焕然典章。太稷云，亿兆林林，所资者谷。雨旸应时，家给人足。仓庾坻京，神介多福。祗荐其仪，昭事维肃。后稷配云，躬勤稼穑，有相之道。不稂不莠，实坚实好。农事开国，王基永保。有年自今，常奉苹藻。

终献，《豫和之曲》，词同亚献。

撤豆，《雍和之曲》：礼展其勤，乐奏其节。庶品苾芬，神明是达。有严执事，俎豆乃撤。穆穆雍雍，均其欣悦。

送神，《安和之曲》：维坛洁清，维主坚贞。神之所归，依兹以宁。土宇靖安，年谷顺成。祀事昭明，永致升平。

望瘗，《时和之曲》：晨光将发，既侑既歆。瘗兹牲币，达于幽阴。神人和悦，实获我心。永久禋祀，其始于今。

洪武十一年（1378年），社稷合祀，重新制定了太社稷祭祀乐章七章：乐章出现了两大变化：一是乐章的简化，由原来的九章简化为三章，删除了三献之前的"奠币""进俎"两章，并将原先的"撤豆"章改名为"撤馔"，此外三献的乐章由于社稷已经合祀，省去了对太社、太稷的分别赞颂，内容有所简化，改动后七章的篇幅字数相同。二是句式的变化，由"四四"句改用"八八"句式的骚体。改动后的社稷乐章如下。

迎神，《广和之曲》：予惟土谷兮造化工，为民立命兮当报崇。民歌且舞兮朝雍雍，备筵率职兮候迓迎。想圣来兮祥风生，钦当稽首兮告年丰。

初献,《寿和之曲》:氤氲气合兮物遂蒙,民之立命兮荷阴功。予将玉帛兮献微衷,初斟醴荐兮民福洪。

亚献,《豫和之曲》:予令乐舞兮再捧觞,愿神昭格兮军民康。思必穆穆兮灵洋洋,感恩厚兮拜祥光。

终献,《熙和之曲》:干羽飞旋兮酒三行,香烟缭绕兮云旌幢。予今稽首兮忻且惶,神颜悦兮霞彩彰。

撤馔,《雍和之曲》:粗陈微礼兮神喜将,琅然丝竹兮乐舞扬。愿祥普降兮退迩方,烝民率土兮尽安康。

送神,《安和之曲》:氤氲氤氲兮祥光张,龙车凤辇兮驾飞扬。遥瞻稽首兮去何方,民福留兮时雨旸。

望瘗,《时和之曲》:捧肴馐兮诣瘗方,鸣銮率舞兮声铿锵。思神纳兮民福昂,予今稽首兮谢恩光。

此后,终明一代,虽然其他如郊、庙乐章多有变化,嘉靖礼制改革也另设了帝社稷,但太社稷之乐章没有改变。

清立国之初,顺治元年即厘定郊、庙、社稷乐章,定祭祀乐章使用"平"字为名,并定社稷七奏:"致祭、瘗毛血、迎神《广平》,奠玉帛、初献《寿平》,亚献《嘉平》,终献《雍平》,撤馔《熙平》,送神《成平》,望瘗《安平》。顺治十四年(1657年),修改社稷坛七章乐章名,迎神奏《登平》,奠玉帛、初献奏《茂平》,亚献《育平》,终献《敦平》,撤馔《博平》,送神《乐平》,望瘗《徽平》。到乾隆十一年(1746年),重新厘定祭祀乐章,社稷坛乐章的篇名未变,但内容有一些变动,其后到清末乐章未变,内容如下。

迎神《登平之章》：媪神蕃厘兮厚德隆，嘉生繁祉兮功化同。坛壝俨肃兮风露融，我稷翼翼兮黍芃芃。望云驾兮骖鸾龙，植璧秉圭兮冀感通。

奠玉帛、初献《茂平之章》：恪恭禋祀兮肃且雍，清醑既载兮临斋宫。朝践初举兮玉帛共，洋洋在上兮鉴予衷。

亚献《育平之章》：乐具入奏兮声喤喤，郁鬯再升兮宾八郎。厚德配地兮佑家邦，绥我丰年兮兆庶康。

终献《敦平之章》：方坛北宇兮神中央，盈庭万舞兮岐低昂。酌酒三爵兮桂醑香，清虽旧邦兮命溥将。

撤馔《博平之章》：大房笾豆兮俨成行，歆此吉蠲兮神迪尝。废撤不迟兮余芬芳，桐生茂豫兮百谷昌。

送神《乐平之章》：孔盖翠旌兮随风飏，龙辀容与兮指天阊。咫尺神灵兮隔穹苍，原流景祚兮觊皇章。

望瘗《徵平之章》：玉既陈兮延景光，礼既洽兮恭瘗藏。原神听兮时予匡，垂神佑兮永无疆。

清初沿袭明代的做法，在乐章使用上，不区分是春秋常祀还是祈求告，都是社稷七章，到乾嘉时期有所改变，在社稷七奏之外，分别于乾隆十八年（1753年）、嘉庆十一年（1806年）添加了祈雨、报谢七章和祈晴、报谢七章。

乾隆十八年（1753年），定祈雨、报谢七章，以"丰"为名，具体内容如下。

迎神《延丰之章》：九土博厚兮，阜嘉生。方坛五色兮，祀孔明。畇力穑兮，服耕。仰甘膏兮，百穀用成。熙云路兮，瞻翠旌。殷阊泽兮，展精诚。

奠玉帛、初献《介丰之章》：神来格兮，宜我黍稷。两主有邸兮，馨明德。罍尊湛湛兮，干羽伤。油云澍雨兮，溥下国。

亚献《滋丰之章》：奏齍明兮，申载觞。龙出泉兮，灵安翔。周寰宇兮，滂洋。载神庥兮，悦康。

终献《霈丰之章》：岐容与兮，奋皇舞。声远姚兮，震灵鼓。爵三奏兮，缩桂醑。号屏来御兮，德施普。

撤馔《绥丰之章》：协笙磬兮，告吉蠲。神迪尝兮，礼莫愆。心斋肃兮，增惕乾。咨田畯兮，其乐有年。

送神《贻丰之章》：抚怀心兮，神聿归。盖郅偈兮，骖虬骓。洪釐渥兮，雨祁祁。公私霑足兮，孰知所为。

望瘗《溥丰之章》：宣祝嘏兮，列瘗缯。贶允答兮，时钦承。高原下隰兮，以莫不兴。歌率育兮，庆三登。

嘉庆十一年（1806年），又增定祈晴、报谢七章，以"和"为名，内容如下。

迎神《延和之章》：庶汇涵育兮，阳德亨。句萌茁达兮，物向荣。方坛洁兮，展诚。迓休和兮，寰宇镜清。祈昭格兮，瞻翠旌。沐日月兮，百宝生。

奠玉帛、初献《兆和之章》：瑟圭瓒兮，通微合漠。神歆明德兮，鉴诚恪。昭回云汉兮，嘘櫜籥。曜灵司晷兮，时旸若。

亚献《布和之章》：申献侑兮，奉明蠲。荐馨香兮，和气随。神介福兮，孔绥。耀光明兮，九逵。

终献《协和之章》：岐羽舞兮，一风敝。爵三奏兮，告成享。

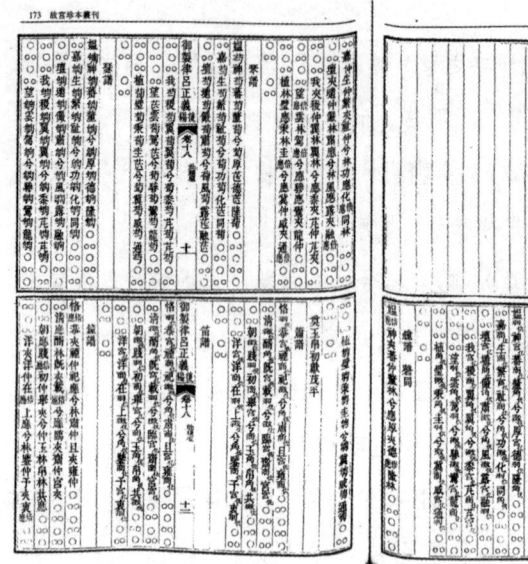

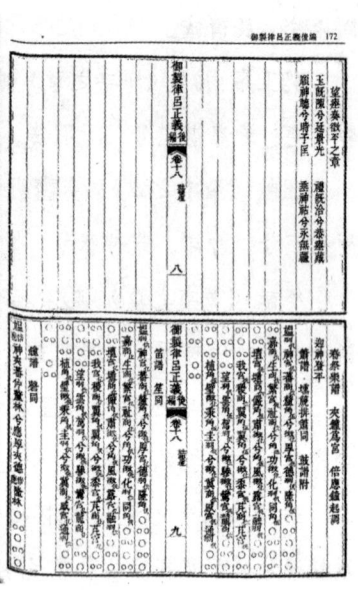

祭祀乐谱书影

顺年祝兮，泰阶朗。元冥收阴兮，日掌赏。

撤馔《雍和之章》：笾俎撤兮，受福多。笙磬同兮，六律和。庶徵协兮，时无颇。熙乐利兮，东作南讹。

送神《丰和之章》：神聿归兮，华盖扬。羲和整驭兮，虬螭翔。遍临照兮，协农祥。天清地宁兮，黍稷丰穰。

望瘗《咸和之章》：礼告备兮，祝嘏宣。望瘗缯兮，心弥虔。占期十日兮，阳德无愆。答神贶兮，万斯年。

舞乐仪式

明清社稷坛用中和韶乐，乐律则随月用律，"春夹钟清商立宫，倍应钟清变宫主调；秋南吕清徵立宫，仲吕清角主调"。清代祈雨谢雨、祈晴谢晴，也用中和韶乐，"仲吕清角立宫，大吕清宫主调。

初祈用夹钟清商立宫，报南吕清徵立宫，旋改随月用律宫谱，举四月为例"。

乐器构成与乐舞形式方面明清基本一致。明代用于社稷坛等坛庙的中和韶乐乐器有"琴十张，笙十攒，箫十支，笛十支，篪六支，瑟四张，埙两个，排箫两架，搏拊两座，柷一座，敔一座，钟一架，磬一架，鼓一座"。清初中和韶乐乐器的组成与明代一致，乾隆以后，主要是添加了镈钟和特磬两种乐器。乾隆时命庄亲王允禄领衔绘制《皇朝礼器图式》（现存于故宫博物院），就在编修正待校对刊印时，发生了一件事情，改变了清代的乐制。乾隆二十六年（1761年），江西巡抚胡宝瑔上奏朝廷，言在江西临江发现了"古钟十一"，并"（绘）图以进"，乾隆与廷臣"辨其名，知为周时所铸"，但"律应十二钟，缺其一"，便又新铸一钟，补足了一套。

特磬的制作则与当时的战事有关，乾隆二十五年（1760年）平定回疆大小和卓木的叛乱，出产美玉的和阗正式纳入清朝的版图，为"彰始末条理之盛"，乾隆谕廷工"请以和阗贡玉琢为物磬"，铸造了碧玉特磬。并将镈钟与特磬添列为中和韶乐之首，用以正音。至此，清代的中和韶乐列成，其中用于

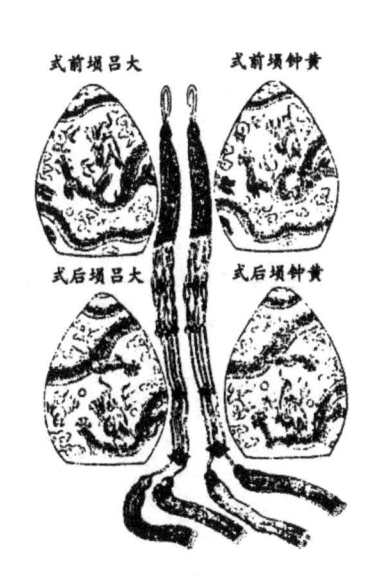

祭祀乐器埙

社稷祭祀的编列为"镈钟一,特磬一,编钟十六,编磬十六,建鼓一,麾六,排箫二,埙二,箫十,笛十,琴十,瑟四,笙十,搏拊二,柷一,敔一,麾一。"

国家典礼乐舞是一种和乐而舞的乐舞形式,所谓"歌以昭德,舞以象功,声容不具不能成的大乐"。乐与舞有机组合构成了用于国家典礼里的乐舞。国家典礼乐舞从大的方面来讲,分为祭祀乐舞和筵宴乐舞两大类,两种乐舞分别对应佾舞和队舞两种形式。社祀作为祭祀的一种,它所用的乐舞是祭祀乐舞,其形式为佾舞。

佾舞就是将舞蹈者分成行列进行表演的舞蹈,明清两代的佾舞内容、形式基本一致,包括文舞和武舞两种,分别由文舞生和武舞生执舞,佾舞舞生的道具主要有"干""戚""羽""龠"四

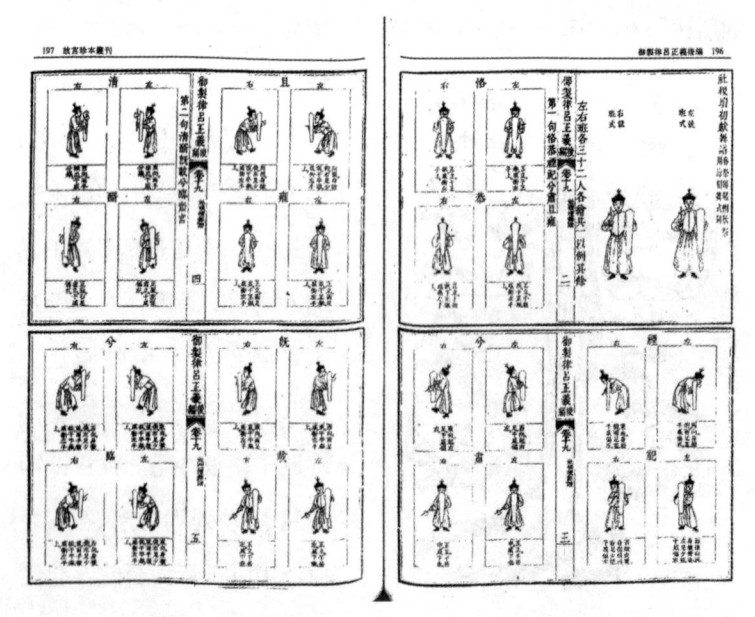

祭祀乐舞书影

种，其中武舞生左手执"干"，右手执"戚"；文舞生右手执"羽"，左手执"龠"。从明代开始，舞蹈形式定为先武舞，再文舞。清代同样以武功定天下，所以也承袭了这种顺序。在祭祀行礼时，"典仪官唱'乐舞生就位'，乐舞生就位。初献乐作，司乐执节引武舞生执干戚进，奏武功之舞，舞毕乐止，武舞生退；亚献乐作，司乐执节引文舞生执羽龠进，奏文德之舞；终献乐作，如之。舞毕乐止，文舞生退。"

祭祀行礼

常祀行礼仪节

祭日的清晨，预备典礼的太常寺官员要提前进入社稷坛准备相关事务，主要将祭品、祭器、乐器等陈设再检查完毕，执事官员、乐舞生等参与祭祀的人员全部到位，陪祀的大臣提前到达祭坛。祭日子时皇帝乘舆从西阙门进入，换上祭服后预备行礼。在行礼过程中，通常由典仪官唱赞礼仪各项仪节开始并控制整体仪式的进程，赞引官（内赞）引导皇帝、陪祀官员行各项礼节，其他执事官员各司其事。

第一步是"迎神"，意为将神明迎接到人间的祭所，接受现场所供奉的祭祀品物。具体仪节是先由典仪唱"瘗毛血、迎神，奏乐"，乐作，赞引官导引皇帝依次到太社、太稷奉圭、上香。皇帝行四拜礼。

第二步是"奠玉帛，初献"，向太社、太稷及配位神位奠奉玉帛。古人认为神明与人一样有各样的嗜欲，供献给社稷神明的也应当是人间最好的东西，而玉、帛都是当时为统治阶层享用的非常名贵的物品，将它奉献给神明，也是让神与人享受同样的尊贵。典仪官唱"奠玉帛，行初献礼，奏乐"，乐作，执事官员将玉帛奉于神位前，跪奠完，乐暂止。赞引官奏"跪"，皇帝跪，同时传赞陪祀官员都跪，典仪官唱"读祝"，读祝官读祝，读祝结束，乐再作，赞引官奏"俯伏、兴"，皇帝俯伏兴平身后鞠躬，百官行礼同。

第三步和第四步分别是"亚献""终献"，行礼的仪节和初献基本相同，只是不再读祝，"终献"完成，三献礼就举行完了。此时太常寺卿到祝桌前东向站立，唱"赐福胙"，光禄寺官给皇帝奉上圭、福酒、胙，赞引官赞引皇帝饮福酒、受胙、出圭，俯伏兴平身。行四拜礼，传赞百官同。

第五步是"撤馔"，即将神位前的供品撤去。典仪官唱"撤馔"，乐作，执事官各自到相应的神位前撤去供品，乐止。

第六步是"送神"，意为供、献都已经结束，供品也都撤去，就要将神送走。典仪官唱"送神"，赞引官赞引皇帝行四拜礼，传赞百官同。

第七步也是最后一步是"望瘗"，是焚化相关供品的环节。典仪官唱"望瘗"，读祝官、掌祭官分别捧祝、帛馔送到瘗位，乐作，待捧祝、帛馔的官员走过皇帝御前，赞引官奏"礼毕"，皇帝回到具服殿更衣回宫。具体的仪式后世基本因袭，除了上香礼外基本没有变化。明初祭祀时均需行上香礼。洪武七年（1374年），经翰林詹同的建议罢除，直到嘉靖九年（1530年）才又在奠玉帛中恢复。清代的礼仪形式与明代基本一致，只是在更衣的环节上，皇帝是先在宫内换好祭祀所用的祭服，到结束的时候也直接回宫，不再到具服殿。如果是遣官行礼，礼仪变化不大，只不再用仪仗、幄次等皇帝的陈设，饮福酒、受胙的仪式也不再举行。

祈报社稷坛礼

皇帝亲诣祈雨，典礼与春秋常祀同。但不设配位，祭品用脯醢果实，用祈报乐章，不行饮福受胙之礼。皇帝御雨冠素服，乘舆至午门金水桥，步行至社稷坛行礼，以示虔祷。陪祀王公百官着雨缨素服，迎送王公大臣着常服。

因事祇告社稷礼

太常寺奏请遣官一人行事。遣官及执事官均致斋戒一日。祀日鸡初鸣时，遣官等待于社稷街门内，太常寺赞礼郎一人，着朝服等待于墙西。黎明时，太常寺卿率属恭请太社、太稷神位入坛恭设神座上。遣官由社稷街门入坛南门，沿墙西行，由赞礼郎二人，引导至墙北门外拜位前立。祭祀仪节同常祀仪。

拜殿行礼仪节

社稷坛如果遇到雨雪，明清两朝采取的通常做法是在拜殿望祭。明初定议社稷坛临祭若遇风雨，则于斋宫望祭。洪武三年（1370年）于社稷坛坛北建祭殿五间及拜殿五间，遇到风雨就在拜殿中行礼。永乐迁都北京，社稷坛建筑格局不变，依然是风雨时于拜殿行礼。顺治元年（1644年），定祭社稷坛"祭日如遇风雨，在拜殿行礼"。但有时为了表示对社稷的虔敬，皇帝仍有可能在雨中行礼。顺治元年决定在拜殿行礼的同时，坛下添备了一些龛，用来覆护神牌。乾隆时期决定祭祀时遇雨，将神牌、牲醴、乐器移到拜殿行礼，如果时间紧迫仅将皇帝拜位移到拜殿行礼。在拜殿行礼时，各项应行仪节俱照平常典礼，只有在最后的"望瘗"环节，当祝帛、馔香恭送瘗位时，皇帝仍于拜褥上站立目送，等到祝帛、馔香送到瘗位，数帛官数帛，赞引官奏"望瘗"，并与对引官引导皇上由殿西隔扇出诣望瘗位，赞引官奏"礼成"，同对引官引导皇帝由殿东隔扇出，到北天门升辇回宫。

拜礼仪节

历代拜礼次数不一，明初定祭祀各环节皆设再拜礼。始迎神四拜至饮福受胙复四拜，又至送神四拜而毕。洪武九年（1376年）社稷，此时属于中祀，饮福受胙时只有再拜，洪武十年（1377年）社稷改制，升为大祀，饮福受胙增为四拜。清初，议定郊、庙、社稷等大祀仪节，定制社稷迎神、初献、终献饮福受胙、送神皇帝行拜礼，其中迎神九拜、初献三拜、终献饮福受胙九拜、送神九拜。三十拜，终清一代拜礼没有改变。

明清社稷拜礼沿革

	迎神（上香时）	初献	亚献	终献（饮福受胙时）	撤馔	送神	望瘗
吴元年	再拜	再拜	再拜	再拜	再拜	再拜	再拜
洪武七年	四拜			四拜		四拜	
洪武九年	四拜			再拜		四拜	
洪武十年	四拜			四拜		四拜	
嘉靖九年	四拜			再拜		四拜	
顺治元年	九拜	三拜		九拜		九拜	

祭祀祭文

祭文,又称"祝文""祝词",是举行祭祀仪式时宣读的祷告文辞,源于周代,当时祝文的撰写由"天官"之一的太祝负责,明朝沿唐宋建立了完善的祭文各项制度,并且内容更加完备。

格式内容

社稷祭文属于国家公文,有着严格而固定的格式,基本结构为"祭祀时间+主祭人+太社之神、太稷之神+赞颂(祭祀原因)+祭享物品+配享",文末,常祀以"尚飨",祈求、告祭通常以"谨告"。

明朝祝文

春祈秋报祝文例:

维洪武　年　月　日,皇帝御名敢昭告于太社之神,太稷之神,惟神赞辅皇祇,发生嘉谷,粒我烝民,万世永赖,时当仲春(秋),礼严告祀(报谢)。谨以玉帛牲齐粢盛庶品,备兹瘗祭。以皇考仁祖淳皇帝配神。尚飨!

清朝祝文

出征告捷祝文例:

维顺治十六年,岁次己亥,九月己未朔,越九日,

嗣天子　,谨遣官　,致祭于

太社之神

太稷之神曰:荷嗣丕基,四方渐次底定,惟滇黔寇孽,负固殃民。遣安远靖寇大将军、多罗信郡王铎尼率师南征,连战克捷,逆贼远遁,云贵两省,尽入版图。皆赖

神庥默垂眷佑，今以告捷礼，谨申虔祀。仰祈歆鉴！

加上徽号祝文例：

维光绪三十四年，岁次戊申， 月 朔，越 日，嗣天子臣 ，恭遣 ，谨昭告于

太社

太稷之神曰：圭瓒杨芬，特重告虔之礼；

徽章播嫄，同输率土之忱。炳玉简以陈词，式昭矩典；卜金穰而辑瑞，永借神庥。兹登极礼成，恭上兼桃

母后皇太后徽号，曰

隆裕皇太后。介护闱之景福，九寓胪欢；迓兰殿之蕃厘，三时效顺。长此俗跻仁寿，衢歌徵南亩之祥，所期岁兆丰绥，陂舞肃北堭之祀。谨告！

祈雨祝文

臣闻人事失于下，

天变应于上。兹元旸之示警，询赞化无能。言念昨年秋霖缺，而冬雪之逮至今岁春望需，而夏未沾，历四时之久矣。嗟三农其何如！

常雩步祷，弗蒙矜。不敢再三之渎，群祀亲藩徒致。吁！益增宵旰之忧，敬念

右坛为祈报之所，载稽

祭义，司土谷之精。蠲吉虔斋摅忱，躬为民请命，愿代万姓之灾。责己惟诚，冥宫六事之好。重举答阴之典，

施甘雨之滂。云作雷随,母俾箕伯侵轶牺成。粢洁尚敷,帝里休和,殿伫神歆,立沛详□。谨告!

春祈秋报祝文

维光绪　　年,岁次(干支),二(八)月(干支)朔,越(若干)日戊(支),

皇帝(御名)敢昭告(如遣官恭代,祝文内御名下敬书遣官某人恭代,敢昭告)于

社稷之神曰:钦惟神赞辅

皇天、皇祇发生嘉谷,粒我烝民,万世永赖,兹当仲春(秋),谨以玉帛牲醴庶品致祭(报谢)。配以后土句龙氏、后稷氏。尚飨!

社稷管理

掌管祭祀的机构

总理机构——礼部

礼部是主管礼仪事物的部门,从明朝开始,礼部建制日臻完善,在职官设置与礼制建设方面已经超越前代,非常成熟。明代的礼部官员设置以周制为蓝本,设立了礼部尚书和左右侍郎,在

礼部的下属各部门上也多源本周礼之制，只是更加细致、完备。洪武元年（1368年）八月，太祖命李善长等议定六部，始有吏、户、礼、兵、刑、工六部，依然隶属中书省，此时的礼部尚书、侍郎等堂官的品级在中书丞相之下，礼部尚书正三品，侍郎正四品。洪武十三年（1380年），废除丞相之制，中央权分六部，各部直接对皇帝负责，礼部堂官的品级也随之提升，礼部尚书为正二品，主要掌管礼仪、祭祀、宴飨、贡举等事宜。左、右侍郎各一人，为正三品，辅佐尚书。

礼部最初在洪武六年（1373年）设置总部、祠部、膳部和主客部等四个署部，洪武二十二年（1389年）改总部为仪部，洪武二十九年（1396年）改仪部、祠部、膳部为仪制、祠祭、精膳，同时署部的通用名称统一改为清吏司，成为定制。各属官的编制品级为：各郎中一人，正五品；员外郎一人，从五品；主事一人，正六品。祠祭清吏司是掌管祭祀的最直接负责机构。

此外，仪制、精膳两清吏司也负责一定的祭祀事务，仪制清吏司负责礼仪文节的制定，精膳清吏司负责"凡膳馐、酒醴、品料，光禄是供，会其数，而程其出纳焉。凡厨役，佥诸民，以给使于太常、光禄"。清代中央官制仿照明朝，礼部最早在天聪五年（1631年）设置六部时就位列其中，同样掌管典礼事务与学校、科举之事。在内部机构设置方面，礼部下属各司、厅机构相较明朝大幅增加，但依然保留了明朝仪制、祠祭、精膳、主客四个清吏司，中央官制方面采取"以满制汉"辅以"满汉一家"的双轨制度，中央各部堂官方面，尚书有满、汉各一人，品级为从一品，左右侍郎满、汉各一人。下属司、厅属官采用满、蒙、汉三轨制，各司局郎中、员外郎、主事等官员皆有宗室、满、蒙、汉四类人同时出任，且数量多少不等。

执行机构——太常寺

太常寺是明代管理祭祀的实际执行机构，明代的官职分为两类：一类是属官，一类是首领官。首领官是负责管理本署事务的官员，特别是负责统领官署中的胥吏，而非太常寺的行政主官，类似现代意义上的办公厅、秘书处等内部行政部门的官员。属官，负责特定部门的具体工作，类似于现代各工作办事部门的官员。太常寺的首领官是典簿，有二人[隆庆三年（1569年）革一员，万历十一年（1383年）复设]，主要职掌是公文的文移往来、钱款出纳事务。祭祀用的酒、芡实、木炭、苇把等祭品和工具的申领都由典簿行文处理。此外，典簿还负责太常寺属官的选补提名工作。典簿也要承担一定的祭祀事务，如助祭。属官与社稷祭祀相关的有博士、协律郎、司乐、赞礼郎等官。博士二人，协助祭祀礼仪的进行，负责讲习礼文，遇到礼仪要更易的，则据经审议。每年九月下旬，到六科廊将下一年的祭祀斋戒日期写在斋戒牌上，再安奉于文华殿。协律郎二人，司乐二十人，负责礼仪的音律事宜。具体职掌包括定声、审音、定舞三项。此外，还要监督乐舞生的习乐、习舞情况。

赞礼郎三十一人，协助祭祀礼仪的进行，祭祀举行之前，要在太和殿演乐。赞礼郎还要负责设置君臣之位，在祭祀的时候，由赞礼郎充当赞引官，赞导礼仪的进行。

在太常寺中，还有直接负责具体某一处坛、陵等的办事机构，称为祠祭署。社稷坛没有专属的祠祭署。

牺牲所负责祭祀用的牺牲，管理祭祀乐舞生的有神乐观（因清乾隆后神乐观为乐部兼管，为了便于比较，将明代的神乐观也放入彼小节论述），也都归属太常寺管理。洪武三年（1370年），设置"神牲所"，专门用来饲养祭祀用牲。主官官员有廪牺令、大使、副使等官。洪武四年（1371年），革除神牲所，改建牺牲所，官制不变。永乐中，又将牺牲所改建于神乐观之南，正房十一间，中间五间为大祀牲房，左三间为太庙牲房，右三间为社稷牲房，并由军人专门饲养。

清依然由太常寺掌管坛庙祭祀礼仪，但具体的职权范围相较于明朝有所缩小。顺治元年（1644年）正式设立太常寺，当时隶属于礼部，后来独立出来。太常寺主官为太常寺卿，满、汉各一人（正三品），次官有太常寺少卿满、汉各一人，寺丞满、汉各二人。下属官吏有赞礼郎宗室二人、满二十六人，学习赞礼郎宗室六人、满八人，博士满一人、汉军一人、汉一人，典簿满一人、汉一人，笔帖式满九人、汉军一人，司库满一人、库使满二人，经承八人，总人数是九十八人。太常寺的内部机构有博士厅、典簿厅、工程处、司库及祠祭署、神乐署等部门。其职能多与明朝相同。

典簿厅有满、汉典簿各一人，主要是管理本衙门吏员人役等人事工作，各坛庙官、乐舞生、执事生的拣补，厨役的分派等工作都是由典簿来完成，同时还监管祭器的保管事宜。职能也与明代类似。

博士厅有博士三名,满、汉军、汉各一人,职掌与明代相类似,主要是考察祝文、礼节,规定仪式等文字性工作。

祠祭署,由汉寺丞管理,负责各坛庙的祭祀事宜,下面有协律郎、赞礼郎、司乐,职属与明朝大致相当,不再重述。

工程处,负责坛庙的维修等工作,没有专设的职官,通常由寺丞、博士等太常寺其他官员监管。

其他还有神乐署、牺牲所等机构,因改隶或兼隶于其他部门,在本章他节中再述。

器物机构——光禄寺、内务府

明代的光禄寺来源于吴元年(1367年)设立的宣徽院,主膳馐事。洪武元年(1368年),正式改为光禄寺,光禄寺主官为光禄寺卿,下有少卿、寺丞。"光禄,卿,正四品;少卿,正五品;寺丞,正六品;主簿,正八品。所属尚食等局,又移太常司供需库隶之。"下隶有大官、珍馐、良酝、掌醢四署,"大官供祭品宫膳、节令筵席、蕃使宴犒之事。珍馐供宫膳肴核之事。良酝供酒醴之事。掌醢供饧、油、醯、酱、梅、盐之事"。另有司牧局(司)负责牧养牲畜。洪武八年(1375年)易名光禄司,洪武十一年(1378年)又改回为光禄寺。

光禄寺有关祭祀的职责有两大类。一是具体负责备办祭享物品,这部分职能由光禄寺的良酝、掌醢两司具体负责。明代祭祀时所用的祭品种类繁多,在前章祭品节已有具体的阐述,在此略去不表,每次祭祀举行之前光禄寺要准备好祭祀所用的祭品,并且要确保质量。二是负责祭祀活动中的一部分礼仪。正祭之前，光禄寺的官员需要与太常寺官员一起省牲，皇帝亲祭行礼时，奉福受胙礼由光禄寺的执事官员负责。祭祀结束之后，还要将祭祀的所供奉胙肉分赐给大臣，称之为"分胙"。

清代光禄寺依然是负责供应膳食的机构，最早于顺治元年（1644年）设立，乾隆十三年（1748年）开始由礼部满大臣一人总理寺事。光禄寺官员有满、汉卿各一人，从三品；少卿满、汉各一人；典簿满、汉各一人；署正满、汉各四人，满署丞八人，满笔帖式十八人，满司库二人，库使八人，经承十九人，总计七十人。光禄寺在清代的职能相较于明朝要缩小，只掌管关于典礼预备筵席及供应官员的"廪饩"（供给官员食物），不再掌管祭祀的物品采备事务，该项职能改由内务府承担。关于祭祀的方面，只负责参与一部分祭祀礼仪。具体来讲有两项，一是祭祀之前监视宰牲，二是祭祀结束后，也要"分胙"，这与明朝相同。

内务府是清代掌管宫禁事物的机构，主管官员为总管内务府大臣，没有定额，常由王公、内大臣等兼任。下设"七司""三院"等处。虽然名为掌管皇家事务，但实际上扩权远远超过名义上的范围。许多祭祀所用的物品由内务府负责准备，主要涉及广储司等部门。

广储司，为内务府掌管府藏和出纳的机构，相当于政府的户部。本名御用监，康熙十六年（1677年）改名广储司。下设银、皮、瓷、缎、衣、茶六库。成造祭祀社稷坛等坛庙器物所用的物料都由六库负责提供，比如社稷坛衮衣所用的明黄云缎就由缎库提供。

广储司在京外还有江宁、苏州、杭州等三织造处，负责为皇家提供相关布料，祭祀社稷坛所用的帛就由杭州织造处提供。

庆丰司，掌牛羊畜牧事务。庆丰司在南苑、丰台等地设圈饲养牛、鹿等，负责为牺牲所提供祭祀用的牲畜。康熙六年（1667年）奏准，牺牲所每年出派内务府大臣一员管理。乾隆二十六年（1761年），牺牲所正式划归内务府庆丰司管辖，牺牲所的司官也由内务府派员充任。每到祭祀之前，由太常寺行文内务府，再转行南苑，选用鹿只放入牺牲所准备祭祀之用。奉宸苑，管理圆明园等皇家林苑的机构，在自得园、香山等苑囿内牧放鹿只以供祭祀所用。

乐舞管理机构——神乐观（署）

太常寺协律郎负责祭祀礼仪的音律，但在典礼中负责具体乐舞的主要是乐生和舞生。明代管理乐舞生的是神乐观，洪武初年命选道童为乐舞生，额设六百名，专备大祀、宗庙、社稷、山川、孔子及各山陵供祀之用。洪武十二年（1379年），为了更好地管理这些乐舞生，决定设立神乐观，神乐观设"提点、知观专管乐舞生，以供祀事，属之太常寺"，归属太常寺管理，但因为选用道童当乐舞生，神乐观又是由道长担任提点等官，所以神乐观同时归属国家宗教管理机构——道录司管辖，提点、知观在朝会时也与道录司、僧录司的官员一起班列。除乐舞生之外，协律郎、司乐等乐官的选任，也有选用道士的情况。隆庆元年（1567年），崇信道教的嘉靖帝去世后不久，朝廷严格限制乐官科甲出身。

清顺治元年（1644年）设神乐观掌管祭祀的奏乐事务，隶属太常寺，职官设置为"汉提点一人，左右知观各一人，协律郎五人，司乐二十六人。设立乐部之后，神乐观被改由乐部兼管，乾隆八年（1743年）改神乐观为神乐所，并改"知观"为"知所"。乾隆十九年（1354年）再改神乐观为神乐署，改提点为署正，知所为署丞。神乐署署正、署丞以下设协律郎五人、司乐二人、乐生一百八十人、舞生三百人，总人数是五百三十人。新设的乐部有三个办事单位，分别是神乐署、和声署和什帮处，但负责祭祀乐舞的仍然是神乐署。清初沿用明朝旧制，神乐观的乐官用道士承充，乾隆七年（1742年）另选儒士作为乐官。

辅助机构——鸿胪寺、钦天监

鸿胪寺在明代主要是协助掌管祭祀的行礼活动。洪武三十年（1397年）才正式改为鸿胪寺掌管国家朝会、宾客、吉凶仪礼之事。官员设置有"卿一人，正四品左、右少卿各一人，从五品左、右寺丞各一人。从六品其属，主簿厅，主簿一人。从八品司仪、司宾二署，各署丞一人，正九品鸣赞四人，从九品，后增设五人。序班五十人。从九品"。其后人员编制有一定变化，但机构设置不变。鸿胪寺主要是负责"朝会、宾客、吉凶仪礼之事"，与社稷祭祀有关的是"吉凶仪礼"，社稷是吉礼之一，所以鸿胪寺也负责一部分礼仪。主要是在举行社稷等祭祀典礼时，引导百官行礼。其下鸣赞之员负责赞礼的司仪，在行礼时充当"内赞、通赞、对赞、接赞、传赞"等赞引官，序班之员则负责百官行礼的位次的安排与纠正。

清朝时鸿胪寺主要掌管朝会、宾飨的礼仪赞导，依然负责赞礼的司仪，在祭祀之前，鸿胪寺要在陪祀官行礼处预设品级木牌，俾按次序行礼，不致错乱班列。

钦天监是明代掌观察天象，推算节气，制定历法的机构。在祭祀中，钦天监主要是负责选定国家举行祭祀的日期，并上书进呈皇帝御览，同时通知其他礼仪部门做好相应的准备。清代钦天监依然负责选定国家举行祭祀的日期。清制先由礼部在每年九月中，札钦天监选择吉期，钦天监将选择的吉期做成祀册回给礼部，礼部再转札太常寺，由太常寺在每次祭祀之前提请皇帝行礼。

祭祀前的准备及流程

明代祭祀社稷之前十日，太常寺提请皇帝亲诣社稷坛致祭行礼，并请前一日开长安门放太常寺执事官员、各陪祀官员、协律郎、乐舞生等人到太和殿演习礼乐。

前八日，行手本文知会鸿胪寺。

前四日，行揭帖知会司礼监奏请祭祀。

前三日，奏请皇帝祭祀。太常寺卿在皇极殿向皇帝奏请于某月某日致祭社稷坛，百官自某日开始致祭。当日，太常寺属官进斋戒牌铜人于文华殿，并于当天在东西长安门贴出告示，提醒参与斋戒的官员从当日开始斋戒，并于当日陪祀。此日的早上，乐舞生到社稷坛和拜殿各门烧香。太常寺卿到太和殿演戏礼乐，结束之后与光禄寺卿到牺牲所省牲。

前二日，太常寺和光禄寺奏报已于上日省牲完毕，并知会司礼监填祝版。

前一日，太常寺卿和光禄寺卿再次省牲。此日早上，太常博士将祝版奉填御名之后放到社稷神库。此日，太常寺官率厨役准备各项祭器，午后率乐舞生陈设乐器，夜二鼓时分将社稷神牌奉安到社稷坛上。

祭日子时，皇帝乘舆到社稷坛东，经导引官导引到具服殿换上祭服，再到社稷坛上行礼。行礼结束后，再到具服殿换衣回宫。祭祀结束之后，再由光禄寺分胙于众大臣。

清代祭祀前四十日，太常寺官员率乐舞生、执事生到凝禧殿演习礼乐。

前二十日，提请皇帝亲诣社稷坛行礼，并在奏章内拟定好参与陪祀的官员名单。

前四、五日，太常寺以绿头牌具奏祀前三日进斋戒牌、铜人各一座，并在乾清门设立，并说明在斋戒期三日内的注意事项。

前三日，礼部堂官一名与太常寺、光禄寺堂官于黎明时分到牺牲所省牲。

前两日，奏请祀前一日皇帝到中和殿阅祝版，同日奏简读祝官一名请旨同意。

前一日，皇帝阅祝版，太常寺先期行文内务府请开殿门做进入准备；当日，太常博士监视充实祭器、祭品；当日宰牲，太常寺官与光禄寺堂官、礼部司官、御史各一名监视；当日太常寺堂官率属官在社稷位前布置祭品、祭器。

祭祀当日，太常寺堂官一名到乾清门，在日出前四刻奏请皇上御祭服出宫，到坛北门外下，在赞引官、对引官的引导之下到拜殿内更衣，等到太常寺将神牌安奉完成后，太常寺官奏请皇帝行礼，皇帝先洗手，然后到祭坛行礼，行礼结束后回宫，不参与陪祀的官员要在乾清门外迎送。祭祀结束后，由光禄寺派员赴祭所领取牺牲，颁胙于各衙门。

监察

监察机构

明清时期的监察系统，在中央有两大系统，即都察院和六科。祭祀活动事实上也置于这两大系统的监察之下。明建制之初也设御史台，洪武十五年（1382年），改名为都察院，都察院的正官有左、右都御史正二品，左、右副都御史正三品，左、右佥都御史正四品。下设属官十三道监察御史。监察御史负责"朝会纠仪，祭祀监礼"，"凡大小祭祀敢有临事不恭，牲币不洁，亵渎神明，有乖礼典，失于举行，及刑余疾病之人陪祭执事者，随即纠劾。"十三道监察御史分别协管各部寺，其中，河南道协管礼部、都察院、翰林院、国子监、太常寺、光禄寺、鸿胪寺、尚宝司、钦天监等，职掌最重。

六科，明初统设给事中，洪武六年（1373年）时分开，与六部对应而设，六科的最高长官为都给事中，下设左、右给事中和给事中。六科各设都给事中一人，正七品，左、右给事中与给事中，均从七品。六科的长官虽然品级很低，六科给事中分隶于六部，但"事属重大者，各科均可以相互通奏，事属某科，则列某科为首。"且他们又"俱系近侍官员"，遇事可以直接向皇帝陈奏。监察祭祀按照职属规定，为礼科所管，但因为国家祭祀活动是朝廷大事，所以在遇到祭祀问题特别是官员执事不谨的时候，给事中常对此展开弹劾。

清代的监察体系也包括都察院和给事中，但结构关系与明代有所不同。清代在入关之前，于崇德元年（1636年），设置都察院，以承政和参政为正副长官，以理事为主要办事官员，入关后改承政为左都御史，参政为左副都御史，改理事官为监察御史。

清代都察院长官为左都御史，满汉各一人，以左副都御史二人为副长官，亦为满汉各一人，而右都御史和右副都御史则为地方督抚兼衔，并不在京任职。与明代相比，都察院的地位有所提高，左都御史为从一品，明代左右都御史为正二品；左副都御史为正二品，明代为从二品。

清初亦仿明制设立六科给事中，开始时六科亦为独立机关，后来雍正帝有鉴于明朝言官权力过大，冲击国家正常的官僚运作体系，于雍正七年（1729年），将六科并归都察院管辖，给事中成为都察院的内部机构，权力缩小，即"台省合一"。

监察运作

陪祀时，陪祀的官员要提前到场恭候，并且在祭祀的时候，不准在坛庙内涕唾、咳嗽、喧哗、谈笑，同时还要严格约束随从。陪祀制度之下，左右御史、都给事中都要参与祭祀过程，从而有效地监察祭祀中各官员的行为。明代规定"凡陪祀，大祀，文官五品以上，武官四品以上，及六科都给事中皆陪"，清制"凡遇坛庙祭典，六科掌印给事中陪祭"，都给事中参与社稷等大祀活动，对参与祭祀活动的王公大臣、文武百官展开稽查。

在具体监察之时，御史、给事中会与吏部、太常寺、兵部等一起配合。斋戒前数日，各衙门就得将派出陪祀的人员造册分送礼部、都察院、太常寺，以备核查。在祭祀社稷开始之前，陪祀的官员要提前在外等候，等到午门鸣钟的时候，方能依次入内。在齐集门外之时，都察院、吏部监察官员等要对在外等候的陪祀官员一一核对，以防出现应到实不到的现象，如发现有人缺席，或行礼不端则上疏弹劾。

工程器物管理

清代社稷坛等坛庙的维修一般由太常寺坛庙工程处提出，由工部承担实际的工程，也涉及太常寺、户部、内务府等其他部门，并有一套严密的制度。社稷坛大体的修理流程：祭祀之前，坛庙的典守官将各项祭器、衣物及门宇墙垣有残缺破损需要粘补修饰的地方，呈报太常寺，再由太常寺咨请工部由制造库派员会同太常寺官员查验，确定需要修理和可以缓修的项目，由工部都水司估算所需钱粮，再移交制造库承修。乾隆五年（1740年），定各坛庙修理的工程如果用银在千两之下的，由太常寺办理，千两之上的需要奏交工部会同办理。乾隆九年（1744年）进一步规定，对于那些用银不及千两、但需"土木之工"的项目，也要"咨工部委员会同修理"。如果是供用的乐器残缺损坏，则由乐部查明呈报，行文工部会同办理。对于厨役衣物的使用，则根据祭祀的级别，由工部管理。已用过的大祀厨役衣物，在工部未通知更换前先由大祀的厨役使用，等到工部有新的更换之后，原先大祀的厨役衣物则下传给中祀的厨役，依此类推，既体现祭祀的等级，又可以发挥衣物的最大功用，减少不必要的浪费。

清制每年例行的祭器修造，在距离祭祀举行的两个月前，由工程处咨部派员会同太常寺派出之员勘估，交都水司计算钱粮后，再移付制造库承修。如果须紧急使用，则由太常寺直接会同工部勘验，决定是否修理，不拘泥于由工程处提出之限。

为了保证工程器物的精美，清朝旧制规定每次临祭之前，都要糊饰坛庙的神厨、神库。为了能够保证工程质量，清朝还规定有固定的保修年限。凡大修工程，"均以工竣奏销之日为始，保固五年，限内如有损坏，行令赔修。"如前述修饰工程，三年之内，如有损坏，要由原办官员"赔修"。嘉庆二十二年（1817年），太常寺又奏请定各坛庙凡有大修工程奏交工部修理者，工程竣工之后，行文太常寺备案时，同时将工程的做法附在行文中，这样以后"遇有期限内损坏处所"，就能够按例办理。

钱粮支领制度。对于日常性的修理社稷坛等坛庙所要花费的工料钱粮的支取，清代有明确的制度规定，现归纳总结如下。

工程所需的材料：打造锡提所用的"高锡"、粘修地坪毡所用的山羊绒、碱等材料需要行文户部取用；焊接用的银向工部节慎库支领；制作笾豆案等案桌的案衣所用的绸缎、纺丝等物料向内务府支领。工程买办黄铜、铁丝、硼砂、松香、木炭、煤炸、木柴等物料的费用向节慎库支领。

工程所需用工匠的费用也是分别处理：锉铁铮磨等匠工由制造库的"食粮匠役"承担，不用给工钱，只需支付饭钱；铸打火漆等匠制造库没有匠役，需要外雇，支付工钱。这样，在工匠方面就会产生两项费用，分别是制造库食粮匠役的饭费和外雇匠工的工钱，这两项工匠的费用都需要向工部节慎库领用。

向户部、内务府、节慎库支领的材料需要列明具体的种类、数量，一般计量都非常精确，常精确到钱、厘这样的单位，并且要折算成一定的银两。对采办费用的核算也要非常精确，采买黄铜、铁丝等这些物料都要列出每一种物料的具体明细，并附上每种所需的详细数量和每斤的单价，工匠的费用计算也要精确到每工每日的工钱、饭钱。

如果是对坛庙进行大规模的维修，则由户部库款支付工程所需款项，檐网、门钉等小项由内务府支付。但在实际执行的时候，有时会出现库款缺乏、祭祀事情紧急的情况，特别是存在本应由内务府拨发的银两却意图占用户部库款的情况。户部提出，坛庙工程承担由工部核估钱粮的工程的钱款发放，内务府核估钱粮的，由内务府照例办理。

中央（中山）公园

稷园初开

辟建前

建园前的社稷坛,无山无水,无亭台楼榭,只是坛外四周环植柏树,坛内无树。遗留的建筑有坛墙,北有拜殿、戟门,西侧有神厨神库,环有坛墙。西坛门外以南有宰牲亭和已坍塌的奉祀署,南坛门外东、西各有3间看守房。坛外东侧以天安门、端门内西庑朝房后檐墙外皮为界,其间从南往北有社稷街门、社稷左门和与阙右门相对的正门。正门是旧时皇帝祭祀时出入之门。在社稷街门内南、北各有古槐1株、看守房3间,坛外西南隅有关帝庙1座,庙东南有小房3间,为守坛差役住室,近旁有老杏树1株。

辟园经过

辛亥革命后,南北军代表在北京会同订立清室优待条件,规定清皇帝逊位后,迁居颐和园,但直到1913年年初并未履行。因此,皇城以内仍为禁区。同年3月29日清隆裕皇太后病逝,

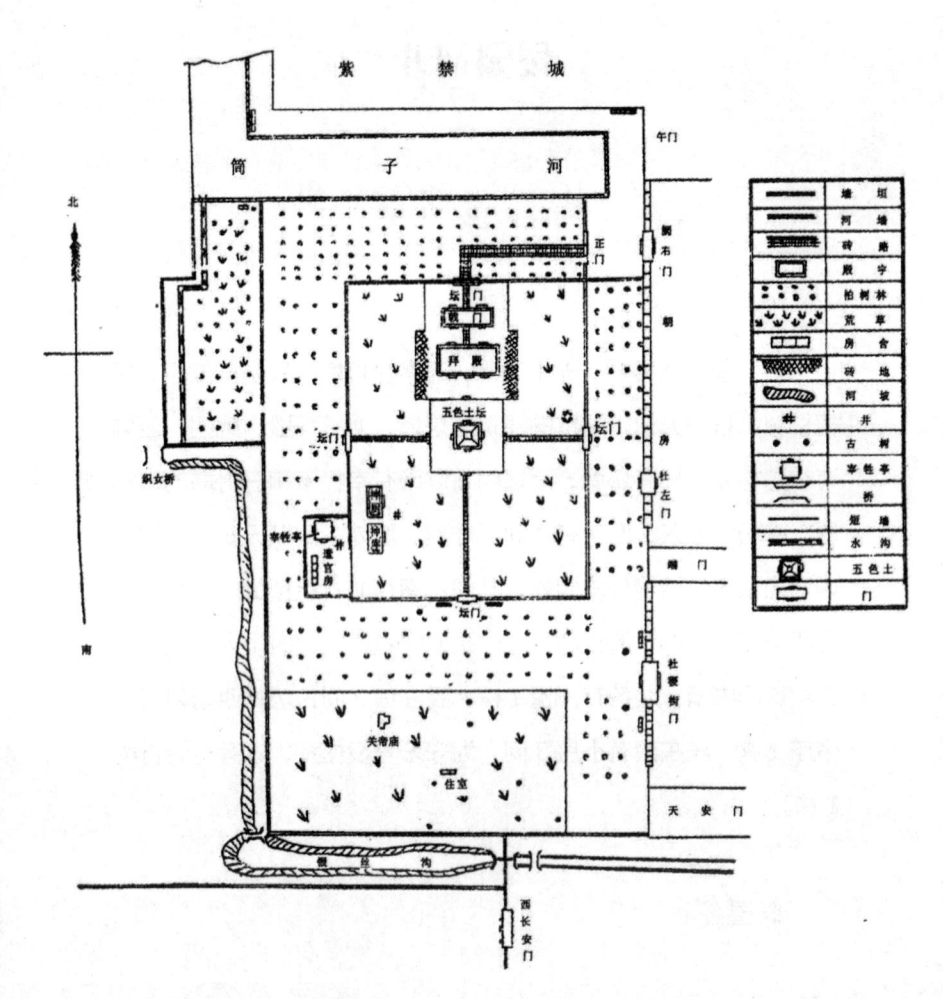

改建公园前的社稷坛平面图

定在太和殿举行公祭。公祭期间担任天安门内外地区指挥事宜的北洋政府交通总长朱启钤在巡视社稷坛时，见坛内场地宽阔，殿宇恢弘，古柏参天，且地处天安门之右，东、西长安街之中，后滨御河、紫禁城，途经四达、交通便利，但因废置经年，坛内遍地榛莽，蛇鼠为患，便溺凌杂，荒秽不堪。深感如此名地，废置可惜，即生将该坛辟为公园之念。

朱启钤像

1913年10月朱启钤调任内务总长。次年春，热河行宫的古物陆续运来北京，在商议安置办法时，朱启钤建议由他出面与清室交涉，在清室暂不能迁居颐和园的情况下，将三大殿以南除太庙以外的各处，划归民国政府管辖，以便在各殿阁安置古物，清室改由神武门出入。交涉成功，该片地区即由北洋政府接管。同年秋，朱启钤正式建议将社稷坛开辟为公园，得到政府的赞同。

自1914年秋末至1915年夏初，因补充经费不足，为使公园尽早开放，应朱启钤的请求，步军统领江朝宗指派工兵营全营士兵来坛协助清理，从9月中旬开始，仅以十几天的时间，清理庭园、辟建南门、平修道路等工程均大致完工。1914年10月10日正式对外开放，经政府批准定名为中央公园。

公园开放第一天，大门前交叉悬挂两面五色国旗。京师警察厅派来200多名警察维持治安；为保障安全，市内20多家水会提前两天入园支搭席棚，设置消防用具，太平缸贮满清水，每家水会的会员都穿着水字号坎。当时园内虽无亭台楼榭，茶馆酒肆，但社稷坛原形尚存，祭祀时皇帝行经的御道，陈列的祭器，还一一如旧，国人以先睹帝王禁地景况为快，故参观者数以万计。

为继续整治庭院，修建景观，公园除每星期六、日和特令开放外，平日并不开放。

兴建公园工程浩大，所需费用甚多，而政府财政困难，无力拨给专款，又不能旷日等待，决定以民间筹款的形式建设公园。遂于1914年10月，向党、政、军机关部院、旅居绅商等社会各界发起募捐。第一次募捐列名发起者有：段祺瑞、朱启钤、汤化龙、梁敦彦、梁士诒、王士珍、萨镇冰、孙宝琦、周自齐、刘冠雄、陆徵祥、章宗祥、荫昌、张勋、江朝宗、吴炳湘、施肇曾、萨福懋、叶恭绰、荣勋、张弧、陈宦、唐在礼、曹汝霖、张寿龄、沈铭昌、沈云沛、冯元鼎、治格、沈金鉴、祝书元、陈时利、徐廷爵、赵庆华、孟玉双、关冕钧、陈威、任凤苞、顾维钧、周作民、孙培、王黻炜、于宝轩、吕铸、许宝蘅、李宣威、林振耀、俞瀛、胡筠、方仁元、马荣、陶湘、张莲棻、胡希林、黄植、杨德森、王克敏、鲍宗汉、邓文藻、金森、金萃康等61人，并拟发了募捐启事。捐启发出后至1915年3月，不到半年即募款4万余元。当年秋季，因需建的工程尚多，原募集款数不敷支出，又发出第二次募捐启事。署名者除第一次发起人以外，又加入许世英、徐绍桢、王占元、熊希龄、潘矩楹、孟恩远、张锡銮、张元奇、靳云鹏、王揖唐、田文烈、蔡儒楷、李纯、雷振春、江庸、傅增湘、段芝贵、徐树铮、陆荣廷、陈文远、师景云、曲同丰、张士钰、张志潭、吴承湜、阚铎、王景春、权量、华南圭、常耀奎、董玉麟、郑咸、邓君翔、金邦平、雍涛等35人。启事发出后续有所得，至1916年夏募集款5万余元。在此期间，市政公所补助经费1.32万元。

1914年9月起，公园之最初整治兴建，均系朱启钤以内务总长兼市政督办名义指挥部、所工役工作，临时以南坛门外东侧的3间小屋为办公地，由朱启钤题名为"一息斋"，如此延续6个月。1915年3月21日，在市政公所的委托下，召开了公园的第一届董事会议，由旅京绅商组成董事会，选定常任董事43人，推举朱启钤为首任会长，治格为副会长，拟订了《中央公园开放章程》，计12条，4月5日经内务部批准公布后，公园的一切事务即由董事会管理。

稷园景物

茅亭

1914年9月，利用拆除宰牲亭矮墙及奉祀署的旧房垣渣土，在西坛门外稍北处堆成土山，种植花木，山顶建茅亭1座。亭方形，茅草顶，用旧檩、椽子、木枋建成，面积16.64平方米，亭内四周设坐凳，供游人休息用。因年久糟朽，1948年倒塌。后改为石板顶，工程费 203.66 元。1914 年在坛外西北后河南岸建一茅亭，方形，木柱，茅草顶，亭内设坐凳，面积 15.17 平方米。以后亭顶改为铅铁板。后因年久糟朽破旧拆除。

东洋式亭

1914 年建，位于西坛门外土山以北，南北道路以西柏树林中，面积 16.93 平方米，长方形，铅铁顶，四角木柱，沿柱砌高 50 厘米矮墙，外抹水泥。南、北两面留有出入口，供游人休息。1947 年租赁给飞马牌啤酒公司开设"松涛啤酒亭"。

唐花坞

1914 年冬至 1915 年年初，在南坛门外稍西路南处，以砖木结构因陋就简建"唐花坞"1 座,亦称暖室。"唐"与"煻"通，"煻"是用火烘焙的意思。"唐花"，即是在暖房里培育的花，亦叫"堂花"。《燕台口号一百首》有句云："最是唐花偏烂漫，却烘地窖借春开。"《燕京岁时记》中说："凡卖花者，谓熏治之花为唐花。"又说："每至新年，互相馈赠。牡丹呈艳，金橘垂黄，满屋芬芳，温馨扑鼻，三春艳冶，尽在一堂，故又谓之堂花也。"清初王士祯在《居易录》中说："今京师腊月即赏牡丹、梅花、绯桃、探春，诸花皆贮暖室，以火烘之，所谓'堂花'又名'唐花'也。""唐花坞"即可贮放由暖房培育的花卉的建筑物。

唐花坞整体形式如飞燕展翅。中间为1大间，两旁衔接如燕翅向左右斜向伸延各5间，屋顶和南面均装玻璃窗，以受阳光，正面凸出1间，左右各斜出1间辟门。中间的大间为八角形，平顶，上饰五色玻璃，室内居中处筑圆形水池1座，池内置涵水石，石上设喷水器，以增观瞻且代浇灌，使石常年苔绿如茵。左右5间室内筑有地炕，冬季可取暖，随墙设花架四季陈列花卉。因1916年唐花坞以南挖建河塘，1919年将唐花坞临池地面高度减低，成二重阶形，在二重阶处堆砌山石，山石东西长30多米，增加了唐花坞前的层次。所建山石为京师警察厅捐助。

唐花坞建成后，历经20年，由于水蒸气的长期侵蚀，木制柁檩都已糟朽。1935年关闭，1936年3月公园委员会召开会议，专门研究重建唐花坞，决议在原地重建唐花坞，改原来的砖木结

1938年的唐花坞

2016年的唐花坞

构为钢筋混凝土结构，全部钢铁门窗。聘请建筑工程师汪申伯和技正刘南策负责设计和施工的管理监督事宜。施工采用投标办法，经比较四家投标者，选定广和兴建筑厂承建。同年5月4日将重建唐花坞的报告和工程作法、工程款估价单、合同书、蓝图一并呈报市政府，市政府5月14日批准施行。

唐花坞重建工程1936年5月6日开工，到年底，包括室内装修、设施安装等全部竣工。有花卉展室17间，锅炉房2间，过道1间，南向，建筑面积417.50平方米。建筑形式仍保持原来的燕翅式。当中1间为盝顶重檐八角亭形式，屋面为孔雀绿琉璃瓦，屋面脊吻、蹲兽皆全，下饰红柱、红门窗，盝顶中央和重檐之间镶彩色玻璃。南面为正门，门前沿正面，东、西向叠砌山石造景，蜿蜒起伏，高低错落；北面出过厅为后门，门外为左右接长廊的垂花门。两旁各 8 间花房,为半壁式,南面为通壁玻璃窗,屋顶镶铁丝玻璃,东西两端亦开设门窗。北面外墙衔接西去长廊,墙上设什锦窗,长廊到此成半壁式。

新唐花坞建成后,室内设散热气、装电灯、置花架,四季陈列名贵花卉,室外山石叠翠,成为游人观花赏景的好去处,游者多在此处驻足留影。唐花坞内之山石,采自易州西陵山谷中,当地人叫它涵水石。

习礼亭

1915 年 4 月至 6 月间,由盐务署移建到中央公园南坛门外路南迎面处,坐南向北。亭,六角形,建在两层台基上。下层台基,砖砌,高 0.63 米,周长 35.76 米,南北两面石阶,北阶 5 步,南阶 6 步。上层台基石质,高 0.65 米,周长 22.32 米。亭为单檐攒尖黄琉璃瓦屋面,

2014 年的习礼亭

金龙枋心旋子彩画，朱棂门窗，面北为隔扇门，其他为槛窗。檐下悬"习礼亭"竖匾，建筑面积38.20平方米。

该亭建于永乐十八年（1420年），原址在正阳门内兵部街鸿胪寺衙门内，是明、清两朝专为初次来京的文武官吏、少数民族首领和附属国贡使等演习朝见皇帝礼仪之用，故名习礼亭，亦称演礼亭。光绪二十六年（1900年）八国联军入侵北京时，鸿胪寺衙门被焚，习礼亭得以幸免。不久英军强占鸿胪寺基址做操场，清政府被迫将习礼亭移置于户部街之礼部衙门院中。清末，礼部改成典礼院。1912年典礼院为盐务署占驻。此亭移建后，除作为点景外，偶作陈列展览之所。1938年10月，亭内举办陈剑秋捐秦砖汉石等物品展览。

松柏交翠亭

1915年在东坛门外古柏林中，叠土布石为山，建重檐六方亭1座，建筑面积32.40平方米。筒瓦屋面，下檐柱间设靠栏坐凳，东西两面出入，与甬路衔接，环亭堆置太湖石点景，山上遍植油松花木。山石系日本专家堆造，其构思、手法、布局别具特色。

该亭设计考究、玲珑、独特，北京罕有，是公园东部重要景点，经朱启钤提议，原亭灰筒瓦顶改换绿琉璃瓦顶，1930年7月动工，用琉璃瓦4491件。内外全部油漆，饰以苏式彩画，安装电灯。由金梁题匾，书"松柏交翠"四字，自此改称松柏交翠亭，改建工程9月初竣工，支付工料款2356元。改建油饰后的松柏交翠亭，

2016年的松柏交翠亭

绿瓦、朱柱,烘托在散点湖石的土山之上,映衬于苍松翠柏之中,形成独具匠心的园林景观,同时也是游人观景、休息的绝好处所。以后多次维修、油饰,至今保持原貌。

投壶亭

1915年建,位于东坛门外以南,平地建亭。亭子设计式样别致,采用勾连搭形式,当中3间,两侧各1间,平面呈"十"字形。建筑面积100平方米。初建时为平灰顶、方柱,柱间有砖砌坐凳,坐凳高0.60米,宽0.33米,明间前后及两山均留有出入口。修建此亭原拟做投壶游戏之用,故名投壶亭,亦称十字亭。1926年,因久经风雨,亭子木料糟朽,决定重新翻建油饰,将

2015年的投壶亭

平灰顶改为起脊瓦顶,仍为木结构。投壶亭虽为投壶游戏而建,但未进行投壶游戏活动。一度由来今雨轩餐馆租用,销售茶水和小吃,后为游人游览休息之处所。

碧纱舫

1915年,坛墙西南角外约20米处,建南北向长方仿船形廊房7间,起名碧纱舫。1927年因电线短路被焚毁。又经重修,改装门窗,由恽宝惠委员题匾。先用作字画及艺术制品展览,后由春明茶社、南洋兄弟烟草公司先后租用营业。1938年改作冬季禽鸟陈列室。1949年以后,因糟朽破旧拆除。

1915年的碧纱舫

格言亭

1915年朱启钤的好友、时任总统府咨议雍涛（剑秋），出于既可规诫世人，又可增添景观之由，捐资修建1座西式圆形八柱亭。白石筑成，直径6.60米，高约8米，建筑面积40平方米。亭外四周有栏杆围绕，栏杆是以12个球形石墩分4组，每组3个，中以粗铁管穿连，四面留有出入口。8根方亭柱的内侧面，各镌刻先人格言一则，故名格言亭。又因这些格言寓有治病救人之义，故此亭亦称药言亭或药石亭。

该亭初建在南大门内约40米迎门处，因建"公理战胜"石坊，1918年将此亭移建到北坛门外路中央处。柱上格言如下。

东二柱：朱子之言曰：尽己之谓忠，推己之谓恕。

1915年的格言亭

孟子之言曰：国之本在家，家之本在身。

西二柱：子思之言曰：温故而知新，敦厚以崇礼。

阳明之言曰：知是行之始，行是知之成。

南二柱：丹书之言曰：敬胜怠者吉，怠胜敬者灭。

武穆之言曰：文官不爱钱，武官不惜死。

北二柱：程子之言曰：主一之谓敬，无适之谓一。

孔子之言曰：自古皆有死，民无信不立。

1955年8月2日经市领导批示，9月格言被磨掉。

喷水池

1915年在南大门内以东约50米，行健会以南约20米，由俄侨金氏捐资兴建喷水池1座。圆形，直径10余米，池沿上东西南北四方各雕1坐狮,口可喷水。池中央有水塔,上部有喷水口，

1935年的喷水池

下部有位置错落、高低不等的4个落水盘，当开启节门，4狮由口内向中间喷水，水塔上部喷水口之水落于下方水盘上，再向四下流溅，很是壮观。全池为砖砌抹水泥筑成，下镌"民国五年瑞金赠"七字。

1952年4月至6月，维修池身部分下陷处，用款92万元（旧币）。因年久破旧水池漏水，1969年11月拆除。

河塘

1916年4月，以原有关帝庙为中心，四周开挖河塘，由织女桥引水入塘栽种荷花。荷塘西侧用挖塘的土堆砌假山，山塘间修筑甬路，并依山势栽种松柏、桃、李、杏、丁香等花木。沿水榭东西两岸，环关帝庙小岛分别点缀山石，以美化环境。1917年完工，市政工所补助建筑费1万元（旧币）。

1927年，水榭以西、绘影楼以南段塘岸，打筑木柱43延长米，并沿塘堤砖石增加强度。

1970年至1971年"五一九工程"时拆建荷塘，1988年改造唐花坞前景区时，相应改造荷塘沿岸。

水榭

1916年夏秋间，荷塘南岸建北厅3间，东、西厅各3间，环厅内外建游廊，砖木结构，卷棚筒瓦屋面。南面建垂花门1座，左右筑花墙，成一庭院。北厅地基一半座于水中，有地下室2间，北半部环厅游廊以水泥柱墩支架于水面之上，为三合院式水榭。由于原建房屋及院落窄小，各界借租均感不便，1928年春，公园委员会决定扩充改建。拆去南面垂花门及花墙，展长院落，增建南厅5间，歇山式灰瓦顶，砖木结构，内外走廊，四面厅房与廊连接。外廊南面沿廊柱设坐凳，东、西、北三面沿外廊柱设靠栏坐凳。整个建筑均重新油饰，饰以苏式彩画。南厅廊外和银丝沟河南岸散点山石。扩建工程1928年10月竣工，建筑面积818.70平方米，支出工程费1.17万元；利用旧柏木打造桌椅、架几、围屏、花架等陈设61件，支付工资300元。曾有恽宝惠委员题书"水榭"匾额，装镜框悬

2014年的水榭

于檐下,华世奎书写的"城市山林"匾悬于北厅,清高宗御笔"蓬岛瑶台"匾悬于南厅。该建筑虽经多年,除书匾摘除外,至今保持原貌。

兰亭八柱暨兰亭碑亭

兰亭碑石屏高6尺,宽5尺,厚1尺,正面刻晋永和九年(353年)的"兰亭修禊图"及"题记",阴面刻清高宗御制诗,系圆明园之遗物。1917年从圆明园运来公园。坛外西南部仿圆明园"兰亭"之形,建造1亭安放石屏,供游人观赏,称"兰亭碑亭"。亭面阔5间,进深3间,7檩歇山、黑筒瓦过垄脊屋面,单檐,四周围廊,檐柱间下设木坐凳、金柱间安装门窗,亭内置兰亭碑石屏，台明南、北两面筑三步如意台阶。建筑面积 102.24 平方米。建亭工程是年 8 月开工，翌年初竣工，泰生木厂承做。工价款计中钞 1200 元，现洋 400 元。油饰工程由双和义承做，工料款为中钞 185 元。1924 年修建长廊时，该亭东、西两端与长廊衔接。

1917年的兰亭碑亭

1951 年 2 月私商陈景异承租兰亭碑亭举办"象牙微雕"展览。1954 年 4 月迁出，5 月 1 日重新对游人开放。"文化大革命"中"破四旧"，"红卫兵"曾勒令拆除此碑。公园管理处为保护历史文物，用三合板做一木罩附于碑外，木罩外涂漆做成毛主席语录牌才得以保存，历时 5 年之久。

　　1970 年因"五一九工程"施工需要，兰亭碑亭被拆除。1971 年，在恢复园景工程中，将在"社左门"内存放了 30 年之久的珍贵文物"兰亭八柱"清理出来，粘接断裂处和碑石一起，重建兰亭八柱碑亭。亭子位于唐花坞以西，连接长廊的西端，攒尖重檐，孔雀蓝琉璃瓦屋面，上有黄色宝顶，斗拱为上檐7踩，下檐3踩，檐柱为八棱水泥柱，金柱为原石柱，亭中竖碑屏。亭子台基高0.58米，南、北设垂带台阶各四步，东面与长廊衔接，檐柱油成铁红色，一字枋心旋子彩画。建筑面积101.57平方米，北京市房修二公司施工。施工中还将清高宗御题正面为"景自天成"，背面为"引派涵星"的刻石匾额一方嵌于亭南额枋之上。

碑屏上正面的"曲水流觞景图"及八柱上镌刻的"兰亭集序"和诗，是晋永和九年（353年）大书法家王羲之任山阴（浙江绍兴）太守时，于三月三日约司徒谢安、右司马孙绰等42人，于县西南兰渚山附近的兰亭，举行修禊礼，流觞赋诗，王羲之为此

2016年的兰亭八柱暨兰亭碑亭

作序，记述活动的环境盛况与感慨，成为千古名篇。后人称为《禊帖》，又称《兰亭集序》《兰亭宴集序》，是王羲之书法杰作。

石狮

1918年，河北大名镇守使王怀庆巡视临济寺，发现两座半埋于地下石狮，遂挖出。11月14日，和统领李阶平议定由大名起运，年底抵京。先送至徐世昌府邸，后捐赠给中央公园。两狮重4400余千克，为蹲坐式，直背挺胸，姿势雄伟。1956年北京市文物组专家鉴定"可能为宋代作品，距今已有千年历史"。

1966年的"文化大革命"中，老工人为保护石狮，就地挖坑，将石狮埋于地下，直到1971年"五一九工程"竣工，才挖出置于原位。

兰亭题匾

1938年的石狮

迎晖亭

1918年泰生木厂捐工，利用旧柏木为柱，石板为瓦，于西南山山腰朝阳的山坳处，坐西朝东建方亭1座，面积13平方米，名迎晖亭。亭内中央以片石堆砌石桌，四周围放4块石墩，檐下悬挂华景颜书"迎晖亭"匾额，亭周依山势堆砌山石。此亭三面环山一面临水，以石阶引至塘边甬路。几经修缮，并施以油漆、苏式彩画。亭内柱间下设坐凳，供游人休息。

1926年的迎晖亭

保卫和平坊

石坊原是东单北大街的克林德牌坊。清光绪二十六年（1900

年）中国人民掀起了义和团运动。1900年6月17日八国联军占领大沽炮台后，清政府照会各国公使，宣布中国已与各国宣战，限24小时之内交战各国的一切人员均须离京。6月20日晨，德国公使克林德乘轿去清总理衙门，行至东单牌楼以北时，适逢神机营章京恩海率人巡街，令其返回，克林德在轿中先开枪，恩海即开枪击毙克林德。克林德之死，成为列强特别是德国向清政府威胁、讹诈的借口，在《议和大纲》中，提出对克林德被害一事，要派亲王专使德国向德国道歉，并在遇害处树立与克林德品位相配的铭志之碑，碑上用拉丁、德、汉文字列述中国皇帝对此事的惋惜。克林德牌坊于光绪二十七年五月初十（1901年6月25日）动工，光绪二十八年十二月（1903年年初）竣工。按德国要求，建在东单北西总布胡同西口外大街上，与街同宽，白石筑成，四柱七楼，蓝琉璃瓦顶，时称克林德牌坊。牌坊铭文写道："德国使臣男爵克林德，驻华以来，办理交涉，朕甚倚任。乃光绪二十六年五月，拳匪作乱，该使臣于是月二十四日遇害，朕甚悼焉。特于死事地方，敕建石坊，以彰令名，盖表朕旌善恶恶之意。凡我臣民其各惩前毖后，无忘朕命。"（原文无标点，标点系笔者添加。）

1918年第一次世界大战结束，德国战败。举国欢庆胜利时，群众捣毁克林德碑，北洋政府决定将该碑移建中央公园内，改称"协约公理战胜纪念坊"。石坊3间，四柱三楼。柱方形，木质斗拱，蓝琉璃瓦顶，大额枋上镶三块石匾，正面中间额题"公理战胜"四个大字，许宝蘅书。左、右石匾，刻移建

1918年的公理战胜坊

2016年的保卫和平坊

石坊的日期，东边为"中华民国八年三月十五日"，西边为"西历一千九百十九年三月十五日"。背面用拉丁文和德文撰写，中、西文均为镏金字。

移建石坊工程，由内务部主持，京都市政公所成立"协胜纪念工程筹备处"组织施工，1919年3月2日动工。动工前由参战督办段祺瑞亲行奠基礼，政府要人、两院议员及各国公使参加。1920年5月竣工，6月10日内务部派技正周象贤协同全面验收工程，7月4日举行"北京协胜纪念坊"落成典礼。移建此坊，政府拨款3万元。

1952年10月，亚洲及太平洋区域和平会议在北京召开。为纪念这次会议的召开，表彰中国人民在保卫世界和平中的丰功伟绩，将"公理战胜"坊，改名为"保卫和平"坊，郭沫若题额。10月13日会议闭幕，与会代表在中山公园举行了游园大会。1970年的"五一九工程"中，石坊被拆除，后在原地复建。

四宜轩

四宜轩系社稷坛时之关帝庙，1919年夏，改建时把神像全部移往西直门内马相胡同关帝庙内供奉。此处原有房舍4间，砖木结构，硬山黑瓦顶，西向，呈"T"字形。在开辟这片景区时，周围挖掘荷塘，庙址四面环水成小岛，环岛由西、北两座小桥与陆地连接。改修门窗，与后檐衔接横建房屋3间，使轩舍呈"工"字形，同年竣工，面积38.20平方米。支付土木工程及装

1926年的四宜轩

修油饰费 1200 元。此处，原意改建花神祠，后改用于供借租或临时集会，取名四宜轩。先有华世奎书写的匾联，不慎遗失，复由恽宝惠补书"四宜轩"匾额悬于屋前。轩东置"绘月"湖石 1 座。在关帝庙以东偏南处，尚有 3 间坛户住所。屋前植杏树 1 株，树龄已逾百年。坛户住房已于辟园时拆除，老杏树保留下来，即使在以后挖塘、建水榭时也未忍砍伐，一直是枝叶繁茂，年年果实累累，是公园果树中唯一的一株建园前遗留的果树，1963 年枯死伐除。

长廊

1924 年董事会议定修建长廊，经多次设计审核后兴建，长廊为黑瓦卷棚过垄脊屋面，悬山，梅花方柱，柱间垫枋下装吊挂楣子、花牙，柱下安装木坐凳及坐凳楣子，廊内吊顶。从南大门内过厅始，东衔接过厅东端向东行北转经行健会前到来今雨轩，69间；西衔接过厅西端向西行北转又数折再西行，经唐花坞、兰亭碑亭达绘影楼，117间，合计为186间，每间平均6.9平方米，合计1283.4平方米，支出材料款18 601元，瓦木油作工资4953元，合计支出工程款23 554元。

1931年续建水榭段长廊，结构与原有长廊相同。水榭东廊向东南折东转过桥，与东北长廊衔接，45间，面积310.50平方米，总长141米。桥上建过厅5间，面积74.70平方米。各种材料由公园自购，施工采取投标方法，中和木厂中标承做，4月18

1926年的公园长廊一角

日开工至6月30日竣工。油饰彩画另行投标,最后新建的长廊和桥厅的油饰,仍由中和木厂承做。旧有长廊和南门过厅的油饰,顺成公木厂承做。支出工程费:建长廊料款7079元,工价运费1836元;油饰料款3380元,工价款370元,合计支付12 665元。至此,建长廊231间,总长为600米。

1935年4月26日,水榭以东桥过厅5间被大风吹倒塌入塘内,连带厅西长廊倾倒4间,歪斜3间。随即自行购料,招中和木厂照原样修复,桥厅栏杆改做铁靠椅式。支付各种料款1092元,工力费805元。

1970年"五一九工程"期间全部拆除,1971年恢复工程中,按原结构建东、西长廊284间,不同的是廊内不吊顶,改为"彻上明照"。东长廊从南门过厅东端东行北折再东转再北折经原兰室至来今雨轩,为81间,中间有垂花门2座;西长廊自南门过厅西端始西行北折5间处分向北和向西两支。北支:继续北行西转一段后向西北方向斜行至唐花坞贴后墙向西接兰亭八柱亭,退回4间处,接向南行西折至西南展厅140间,中间有垂花门4座;南支从分支处西行与一段南北向长廊衔接,北端与北支长廊相接,向南一端西转直达水榭,计为63间,中间垂花门1座。

方胜亭

坛外西北隅土山南麓有1抽水井,装电机将水抽至山顶方池中供园内使用。1924年,井上建亭1间,平铅铁顶,柱10根,防秽物落井。从亭上方看为连在一起的两个棱形,故名方胜亭。后封闭井口,铺装水泥地面,更换灰顶,沿亭柱下方东、西、北三面设坐凳,南面为出入口,环亭点缀山石,供游人休息用。

哈定纪念碑

沃伦·甘梅利尔·哈定是美国第29任总统,1865年生于美国俄亥俄州,1921年当选美国总统,1923年8月2日因心脏病逝世。为纪念哈定,同年11月,由政府组成"中华民国国民追悼美国总统哈定大会事务所",并出资经办,在中央公园内拜殿西侧修建纪念碑1座。碑为方柱体,下粗上细尖顶,高2米。正面刻"美故总统哈定纪念碑",下方镌有哈定传略,背面为悼词。碑文系用中、英两种文字书写。碑体四周用石墩、铁链围栏。1937年"七七事变"后,公园将哈定碑拆下收藏。1938年8月复安装于原位。1950年4月拆除。

1923年的哈定纪念碑

王金铭、施从云烈士铜像

1924年10月,由冯玉祥发起,鹿钟麟主办,为滦州起义首领、辛亥革命烈士大都督王金铭、总司令施从云塑铸全身戎装铜像,分别安放在社稷坛拜殿(今中山堂)南之东、西两侧。东侧,面西左手扶刀,右手叉腰者为施从云;西侧,面东左手持望远镜,右手握镜带者为王金铭。铜像基石上嵌有镌刻滦州起义始末及诸烈士殉难经过的铜板。1926年4月,直奉军阀重新勾结,国民军撤出北京,当年杀害王、施二烈士的王怀庆调任京畿卫戍司令,到中央公园见王、施铜像,遂要求警察立即拆除。执行这一任务的警察暗将铜像完整地埋于北坛门外东侧柏树林地下,所剩基石及围栏石,放置后河柏林中,用作游人休息的桌、凳。1928年北伐军进入北京后,冯玉祥等又令将铜像挖出,复立于中央公园

1928年的王金铭、施从云烈士铜像

内"公理战胜坊"以北迎面处,两像面南并立,王金铭像在左,施从云像在右,在铜像基石上镌有由冯玉祥敬述、何其巩敬书的烈士事略铭文铜板。1945年春,侵华日军搜集铜铁制品时,将二烈士铜像拆走,后在铜像基座上设置太湖石。

孙中山奉安纪念碑

1929年5月孙中山灵柩迁往南京中山陵奉安。由北平妇女协会、商民协会、总工会、农民协会、学生联合会5个团体发起,经北平市政府批准,在中山公园内建孙中山奉安纪念碑1座。经中山公园委员会提议该碑设在习礼亭以北、马路以南,与南坛门相对之处,同年6月30日兴建。纪念碑文由北京大学文学院国文系教授刘文典恭撰,594字。1938年由公园拆下收藏。6月份被日占领军军部取走,公园曾向日伪市公署报告备案。

孙中山铜像

1983年3月由54位北京市政协委员提案,为纪念孙中山逝世六十周年,在中山公园内修建孙中山铜像1座。经国务院和北京市委批准,1985年年初开始铜像造型设计,1986年9月完成基座和环境修建,11月12日下午3时举行铜像落成揭幕式。

铜像位于园南门内"保卫和平"石坊以北迎面处。铜像四周广场占地1029.60平方米,铜像为立姿,高3.40米,重1.80吨,

孙中山铜像（2015年摄）

基座高 1.60 米，总高为 5 米。基座用黑色大理石贴面，正面镌刻邓小平书写的"伟大的革命先行者孙中山先生永垂不朽"鎏金题字。基座周围砌筑 8.80 米×8 米花池，池边以石墩和铁链围栏。铜像后以古柏为依托，左、右栽植松柏和绿篱。

石灯台

1925 年 1 月，从圆明园运湖石时，随同运来原万春园弃置的铜人承露盘之露水神台须弥座 1 个，汉白玉石雕成，高 2.66 米，底径 1.33 米，上有雕刻的山水、云纹，极为精巧，一直放置无用。1926 年决定南门内石坊前迎门处建 1 灯台，用其做灯台的底座。其上下叠砌雕石 5 层，最上层雕成大象头形，伸出 5 个象鼻，向

1938年的石灯台

上、向四方各伸1只，装设5个灯球。灯台四周围汉白玉雕石栏杆12柱。整个灯台由孟玉双董事设计绘图、督工建造，1927年初竣工。1952年第三季度将石灯台及围栏拆除，所拆石料堆存在社左门，拆除费465.6万元（旧币）。

名石

搴芝石 1914年修缮宰牲亭时置于宰牲亭西侧。石高六尺，围八尺，系圆明园遗物。石上镌有清高宗御题"搴芝"二字。

绘月石 1919年置于四宜轩东侧。石高六尺，围七尺，系圆明园遗物。石上镌有清高宗御题"绘月"二字。

青云片石位于外坛东南隅北侧。石高九尺，长一丈，围二丈一尺。系圆明园遗物。位于圆明园时赏斋前，1925年由圆明园移

搴芝石（2015年摄） 　　　绘月石（2015年摄）

至中央公园，置于来今雨轩长廊以西路旁。1971年"五一九工程"后，移至现在的位置。石上镌有乾隆三十一年（1766年）御题的"青云片"三字及律诗8首。刻字已在"文化大革命"时被磨损。此石系北京园林名石，孔穴明晰，结构奇巧，玲珑剔透，似烟云缭绕。

青云片石（2015年摄）

它与颐和园乐寿堂前的"青芝岫"称为姊妹石。

　　青莲朵石位于西坛门外土山南麓。石高五尺，围十尺。为北京园林名石中之瑰宝，它迤逦曲折，脉络纵横，玲珑剔透，百窍通达，更值雨后石润时，会呈现淡粉色，加之石纹中的点点白色，

青莲朵石（2008年摄）

有如淡露残雪。此石南宋时曾置于临安(今杭州)高宗的德寿宫内，原名芙蓉石，石旁植有1株世所罕见的苔梅。清高宗十六年(1751年)第一次南巡时，看到此石非常喜爱，抚摩良久。后运到北京，置于圆明园茜园的太虚室前。赐名青莲朵，并于乾隆三十一年(1766年)亲书石名"青莲朵"3字。1927年由圆明园移来中山公园。

南极岩石

1984年11月，中国首次赴南极考察队，为感谢北京市人民政府和人民关怀与支援南极考察事业，中国南极长城站采集"南极岩石",赠给北京市政府和人民作为纪念。市政府决定将南极岩石安放在中山公园,供北京市民观赏。南极石安放在兰室南月台中央。南极岩石下设青白石雕筑的须弥座,上饰云纹,高1米,长1.60米,宽1.10米。整个工程由中山公园副主任姜振鹏设计,河北省曲阳县的刘秉杰等5人施工。1985年7月5日运到中山公园,1985年9月25日竣工,投资4700元。

愉园

1980年,将内坛东北隅的育花温室迁到天坛花圃,就地修建一组供饲养与陈展金鱼为主要内容的园林景区,占地7230平方米。因"鱼"与"愉"谐音故取名愉园,意谓赏鱼之园。

整个景区坐北朝南,分三部分,前部庭园绿化区,中部园林建筑金鱼观赏区。民族式建筑,采用中轴线均衡式布局,前面正中为重檐蓝琉璃瓦屋面八方亭,东为单檐筒瓦屋面正方亭,西为单檐筒瓦屋面长方亭,三亭各悬亭额,东亭"倚霞",西亭"流云",中亭"览粹",由著名书法家陈叔亮书写。三亭以38间半壁廊相连,廊内粉墙上嵌有金鱼展窗34个,内镶衬玻璃缸盛放金鱼供游人观赏。廊东端壁上嵌《愉园小记》石刻一方。廊中东、西建垂花门2座,东为双垂花门,西为单垂花门。廊前正中有观鱼池,长14米,宽7米,周设围栏,以青白石筑成,取名"乐泉",池内放养金鱼、锦鲤。园区后部以墙相隔,建有金鱼饲养室、养鱼池、晒水池。为分隔空间与景区,周围还筑有带月洞门、八方门的白

2013年的愉园

粉墙、什锦窗和砖雕花窗等,建筑面积614平方米。随墙门上匾"又一村""素馨院"、水池"乐泉"、山石刻字"愉园"均为姜振鹏题书。工程于1980年10月动工,1983年6月竣工,耗资80万元。

花台花圃

1915年,祭坛壝墙外的东南、南、西三面建国花台26座,砖砌,上沿及四边抹水泥,每座宽6.30米,长26.70米,高0.67米。上植牡丹、芍药花。1928年重修。1942年因建音乐堂,拆除东南部的5座。1954年因年久失修,3月4日至18日拆除。

1915年东坛门外以北路东空地,建温室3排23间。1918年坛外温室不敷使用,东坛门内北部开辟花圃,建温室4排44间,支付工料款 552.30 元。

1918 年至 1921 年间，西坛门内北部开辟菊圃，建温室 4 排，养殖菊花。

1919 年前督办沈雨人，赠送大批花木。9 月，南大门内以东建温室 1 排 15 间（习称南花洞），支出工程款现洋 502.20 元。1964 年 4 月拆除。

1920 年东坛门内北部添建温室 1 排计 8 间。

1925 年，东坛门内北部和西坛门内北部各新建温室 1 排 16 间。

1931 年因建水榭段长廊，拆除 1 排养鸟温室，拆后移建于菊花地，改作窨花之用。

1938 年 7 月至 9 月间，坛内东温室处，又添建玻璃窗温室 2 排 16 间。同年还将南门以东温室增建 3 间，拆改 3 间。

至 1949 年军管会接收公园时，有温室 125 间，其中南大门内以东 18 间，外坛东北隅 23 间，内坛东北角 48 间，内坛西北角（菊花地）25 间，金鱼洞子 11 间。此后，公园内温室没有再

1915年的国花台

增加。1975年，为扩大公园游览区，经申请，市园林局从天坛内西北隅拨给中山公园120亩土地做花圃，公园花圃大部分迁出。

禽笼兽舍

鹿囿

1914年外坛西北隅的复墙外，建鹿棚8间，棚外围以木栅，占地20余亩，支付工料款银元391元。其中，内务部补助旧木料、砖、席、石料及工丁折合银元345元，公园实支46元。1917年春季添盖鹿棚9间，付工料款中钞67元；秋季又改建鹿棚北房8间，将前沿接高，装设门窗改作饲鹿工人住室及厨房，支付工料费银元18元，中钞315元。因鹿经常在柏树干上擦蹭致柏树

1917年的鹿囿

枯死，即将一部分鹿迁至先农坛。1919年，借用先农坛内西南角之地建鹿棚14间，大部分鹿移到先农坛内饲养，园内仅留少量供游人观赏，鹿圈面积亦缩小到2亩，新砌院墙、木栅栏，盖鹿房2间，支付工料款现洋136元。1934年9月18日，市社会局称，先农坛养鹿地址已拨作建体育专科学校用，令中山公园将鹿圈迁出。公园委员会决定将房屋、木棚拆除，材料运回公园，存养的3只鹿暂寄同济堂饲养，1935年才将寄养的3只鹿运回。1936年，因鹿圈木栅历经多年已糟朽，即用唐花坞拆卸之旧木料，改建鹿棚6间，棚外三面砌矮墙，墙上装设铁栏杆15段。1952年7月10日，根据北京市园管会指示拆除鹿棚及围墙。

大鸟笼

1915年4月至6月间，南门内以西，唐花坞东南处，建大鸟笼2座，饲养各种禽鸟以供观赏，工料费800银元。1917年10月至12月间大鸟笼内做仙鹤避风阁1个，用工料费77元。1951年3月拆除。

水禽笼

1917年4月至6月间，水榭池塘东岸，大鸟笼旁建水禽笼1座，笼半水半陆，用于饲养、展示水禽，支付工料费中钞120元。1951年与大鸟笼同时拆除。

禽鸟温室

1917年，南门内以西，水榭池塘以东，建房舍1排10间，作为冬季饲养陈列禽鸟之用。支付工料费中钞291.60元。搭砌暖炕支付中钞30元（包括金鱼洞子）。1931年修建水榭段长廊

1938年的水禽笼（前）及大鸟笼（后）

时拆除。腾出园工宿舍北房 3 间作为冬季养鸟之用。

孔雀笼

1918 年 7 月至 9 月间，由泰生木厂承建，位于水榭池塘东岸、大鸟笼之南。孔雀笼为西向房 1 间，工料款现洋 181 元。1931 年因修建水榭段长廊而拆迁，移建到南坛门外公园事务所以西，翌年 4 月至 6 月间建成并油饰整齐。1934 年将孔雀笼展宽，重新油饰，并在笼内堆砌山石两座，在孔雀房内砌暖炕，房外接建 1 间土房作灶房。1942 年续建孔雀笼 2 间，支付工料款 1595 元。

豹房

1918 年 4 月至 6 月，南坛门以西建豹房 1 座，外围筑铁栏杆，支付工料款现洋 133.52 元。1951 年 10 月将豹转送西郊公园（今动物园）后改作他用。

熊室

先在鹿囿附近设熊室 1 间。1933 年又在水榭南河岸假山下建平房 1 间，设两重铁栏为新饲熊之所。1951 年 10 月将熊转送西郊公园后拆除。

狼室

1949 年 5 月 10 日至 6 月 15 日，鹿囿以西建狼室 3 间，1951 年后拆除。

金鱼展养

中山公园饲养、陈列金鱼始于 1915 年。初时，金鱼为董事华南圭捐赠 4 盆，马辉堂捐赠 10 盆。即在南大门内以西，南土山以北空地设金鱼陈列处，由养鱼工人徐国庆喂养。徐家住南城金鱼池，世代以卖金鱼为生，其祖上曾在清乾隆年间为宫廷代养金鱼。

1917 年，添砌 6 个水泥鱼池，购各色金鱼 550 条，购泥瓦鱼盆 12 个。年内，董事乐泳西赠送金鱼连同泥瓦鱼盆、木海数十盆及养鱼工具。金鱼陈列处以西修建"暖洞"两排，其中 1 排 10 间专门为冬季收养金鱼之用。以后，逐年添选新种，各界也不时捐送。赠送数量较大的有：1928 年前门外右五区捐赠大小龙睛鱼 472 尾，东四三条王宅赠龙睛鱼 83 尾，1930 年 10 月王仰光赠龙睛鱼 52 尾，1934 年潘季襄赠蓝花龙睛鱼 40 尾。1931 年因修建长廊，拆除金鱼陈列处以西的金鱼洞子，迁建到坛内东南隅，1 排 11 间。

1938 年冬改建金鱼陈列处，翌年春金鱼出洞子正式展摆，

1938年的知乐簃

取名"知乐簃"。有各色龙睛、蛋凤、绒球、龙睛球、红头、虎头、红帽子、蛤蟆头、望天、翻腮、珍珠金鱼21个品种1022尾,为中华人民共和国成立前饲养金鱼盛期。此后,常年战乱使金鱼饲养日衰,到1949年年初,仅有金鱼716尾。

1953年有观赏金鱼1495尾。1954年10月印度总理尼赫鲁来华访问时,为祝贺他65岁寿辰,从中山公园挑选100尾金鱼作为祝寿礼物,由养鱼工人徐金生随代表团于同年11月25日送到印度首都新德里。

长青园

1977年6月至7月组织职工自力更生,50天拆除东坛门外以北马路东五间房地区旧花房，改建成"长青园"。五间房地区面积为3300平方米，北端至招待所南门外。栽植1976年9月毛主席追悼大会主席台用的六株云杉。其南建东西向长方形花坛1处，面积为88.40平方米。花坛以东堆点山石，石后栽竹林，竹林东即朝房后墙。花坛南向两步台阶建竹制花架，周围建砖砌坐凳供游人休憩。再南用水泥和砖砌筑大盆景1组，内植油松1株，经一段空地南端为竹篱墙和门，门内东侧沿朝房后墙设置阅报廊，有橱窗两组，陈列当日各类报纸供游人阅览。花坛以西为接东马路通道，通道南是一片竹林，再南为堆置的丘陵形土山绵延至竹篱墙，土山上植碧桃、油松和阔叶乔木。土山西侧以松扦绿篱与外部隔离。园内分别铺装平面方砖、石子、块石1.5米至3.5米宽甬路700平方米。

桃园

位于内坛东南部，原为封闭式果园，面积1600平方米。

1982年春伐除原有老龄桃树，重新栽植乔木栾树、合欢、龙柏、白皮松、油松、桧柏等6种30株；灌木大桃、碧桃、垂枝桃、连翘、金银花和洒金柏6种34株（丛）。同时，修筑水泥方砖小石子镶边甬路，路宽2米，总长115米。景区中央建钢筋混凝土结构六边形游廊式棚架1座，设坐凳供游人休息，中间种植蔷薇、蔓藤攀满架顶垂于四周。1983年春植时增植乔木楸树、七叶树、杜仲、桧柏等9株；灌木紫荆、紫薇等2种；宿根花卉蜀葵、剑麻、芙蓉等3种。景区题名为"桃源"。

古树

园内古树以柏树为主,少有槐、榆。

柏树有桧柏和侧柏两种。集中植于社稷坛墙外四周,形成环坛柏树林带。柏树大多是明代初建坛时所植,至今近600年,仍盘礴葱郁,井然森列。古柏具体分布:坛北为东西向9行,坛东为南北向5行,坛南为东西向4行,坛西以西坛门为界,以南为南北向5行,以北为南北向20行。

创建初期的古柏数目,按朱启钤在《中央公园记》中所载:"今围丈八尺者四株,丈五、六尺者三株,斯为最巨,丈四尺至盈丈者百二十一株,不盈丈者六百三株,次之未及五尺者二百四十余株。又已枯者百余株。"依所记计算,存活者为971株,枯死者100余株。

1936年3月,经核查丈量,园中存活柏树为909株。

古柏之外,还遗有少量国槐和榆树,多植于坛外南部和西

古树

部。据 1938 年统计，古槐 23 株，榆树 13 株。最巨者数园之东南隅社稷街门内的两株古槐，围径 4.50 米。栽植时间当系四五百年前。清乾隆时，侍郎钱载（字箨石），在陪祀时观此两古槐后曾作社稷坛《双树歌》。

辽柏、槐柏合抱

在社稷坛的环坛古柏中，位于南坛门外东西马路以北、沿马路一字排列南北两行古柏，在靠北的一行中有多株粗壮、高大的柏树，其中南坛门以东 4 株（亦说 7 株）最巨的古树。据《北京通史》载为辽代兴国寺之遗物，故称"辽柏"。

上述 4 株古柏同一行的最东端，一槐树从一柏树树干下部中心自然长出，谓之"槐柏合抱"。1938 年丈量，柏树径围 3.07 米，槐树径围 1.27 米。从干径长势看历时有百余年。

树木增植

据 1938 年统计，改建公园以后新增植的树木：松、柏（含绿篱，不含古柏）4100 株；槐、柳 257 株；果树 380 株；其他 672 株；合计 5409 株。至 1949 年北平解放，公园内留存的树木为：松、柏（不含古柏）2465 株；槐、柳 219 株；果树 474 株；其他 311 株；合计 3469 株，比 1938 年减少 2/5。

稷园花事

花卉栽培

1914年建园始养殖花卉,用于本园的点景与美化。花木来源有:购置、捐赠、繁殖、征集。中华人民共和国成立后又增采集、交换两项。先期主要靠购置,以后逐渐发展一般花卉以自繁为主。随着公园建设规划的实施与景区、景点的先后建成和养殖设备的完善与栽培技术的提高,花木品种与数量不断增加,19世纪20至30年代是花卉发展的盛期,尤其重视牡丹、芍药、丁香、菊花、荷花的栽培。1938年,园内花木种类达122种8773盆。其中,松柏类7种186盆;果木类9种402盆;花草类111种8185盆。另有地栽牡丹、芍药6331株。

1949年,市政府接管时有花木100种3024盆,其中,松柏类8种120盆;果木类7种172盆;花草类85种2732盆。另外地栽牡丹、芍药2371株。

名贵花卉

牡丹

自1914年公园创立即开始养殖，多购自山东菏泽。大部分于园内陆地栽种。栽种数量逐年增加，是公园重点栽培的花卉。到1938年有32个品种1000多株。具体品种，墨色的有龙烟紫珠盘、墨撒金，黄色的有姚黄、御衣黄、黄气球，绿色的有娇容三变、豆绿、绿玉，白色的有昆山夜光、清心白、白玉、宋白，紫色的有葛巾、魏紫、墨魁，红色的有大红剪绒、状元红、丹炉焰、掌花案、胡红、秦红，粉色的有冰罩红石、海棠擎润、醉仙桃、观音面、醉杨妃、赵粉、大金粉、瑶池春，蓝紫色的有蓝田玉、藕丝魁，红白色的有二乔。

初时为便于观瞻、养护，坛内专门修筑了国花台栽植牡丹。由于花性宜凉怕热，喜燥恶湿，怕烈风酷日，不宜在台上栽种，1916年将牡丹移于坛外树荫下分池栽种。台上改栽芍药。中华人民共和国成立前夕公园牡丹仅有454株。1963年牡丹品种发展到115个品种775株。

芍药

辟园始即以台植和池植集中于坛内大面积栽种。盛时种植达3350株。品种有：金带围、御黄袍、醉西施、南红、观音面、迟芍、傻白、香妃、胭脂点玉、凝香英、瑞莲红、紫都红、紫芍。其中，"金带围"系公园董事贺雪航、阚霍初从朝鲜釜山中华领事馆移来，据说如养殖得当，花径可达1尺。和牡丹一样以后逐年减少，到

1949 年中华人民共和国成立时仅剩 993 株。

  中山公园陆地大量栽植牡丹、芍药，自创园以来颇有名气。20 世纪 20 至 30 年代时，北京原有观花之所法源寺、崇效寺、大觉寺、三官庙等正趋凋敝，中山公园即成为北京观花之盛地。除唐花坞展览四时珍贵花卉外，每到春时园中牡丹、芍药、丁香、榆叶梅等花团锦簇，满园飘香，吸引了众多本地和外地游客。从 1931 年始，北宁铁路为来京观花旅客乘车减价。此后，每逢春时，公园都致函北宁路局、市内各饭店及园内各商号，对来中山公园观花的游客给予优待。据说每年从清明至五月端阳节间，每日都有一列从天津到北京的观花列车，早晨由天津开来北京，晚上六七点钟再开回天津，以方便游客来中山公园观花。

民国时期游人赏花

每到牡丹、芍药盛开季节，天晚游人正多时，观花已不寓目。特在各牡丹池旁安装各色纱罩电灯68盏，以方便游人夜晚观赏。待芍药盛开时，复将灯具移于坛内芍药池处。每晚灯光开放，灿烂可观，游人因之增多。还按牡丹习性，在花期支搭苇棚遮阳避风，不但花期延长，且保持花色鲜艳。不少人对中山公园的花事津津乐道，对中山公园的牡丹、芍药花期盛况思念尤深。抗战期间，叶恭绰先生流寓香港，在其五妹赠其芍药时，引忆故都中山公园芍药，曾作诗云："坛园千本浩如海，春色依然与众人；惆怅衰翁无分看，只将心事付斜曛。"

兰花

传统名贵花卉，被誉为"花中君子"。性喜温湿，北方很少养殖。1959年，公园从上海购入一批兰花，同时从上海请来育兰师傅诸涨富，为公园养育兰花，教带养兰花徒弟。自此，中山公园开始了在北方大批量养育兰花的历史。继之，又从四川、浙江搜集一些兰花名种，公园养兰花最初达到98个品种600盆。

1960年，公园拟将行健会辟为展出兰花的展室。朱德委员长于3月为公园题写"兰室"二字。4月6日至18日在水榭小岛上的"四宜轩"举办首次兰花展览。展室门口高悬朱德委员长亲题的"兰室"匾额，室内布置幽雅。展出20多个品种50盆。朱德委员长和陈云副总理都特地来园观看。展出12天，参观游客达7万多人。此后每年都举办兰花展览两次，朱德委员长都来参观，并关心、支持公园兰花的培育和发展。到1963年，公园养殖的兰花发展到160个品种，1700盆。兰花亦是国际友好往来的媒介，1963年，日本友人松村谦三来中国访问，朱德委员长接见了他。松村谦三热爱中国兰花，是日本爱兰协会的成员。在安排其到中山公园参观兰花时，为增进中日两国人民的友谊，选名贵春兰——"寰球荷鼎""绿漪""如意素"，赠送给日本客人。1964年秋，朱德委员长亲自决定把自己养殖的"海燕起飞"等1001盆兰花移交给中山公园。此时，有兰花200个品种2700多盆。

1964年1月1日到4月27日举办兰展118天，展出面积222平方米，展出兰花250盆。并配以图片和文字说明，普及兰花知识，深受参观者好评。接待游客19万人次。1965年春节期间举办兰花展115天，展出盆数563盆。

1973、1974、1981、1983年，公园派专人到广东仁化、从化山区，贵州贵阳市的花溪、乌当，湖南岳阳山区，云南思茅等地搜集采挖野生兰花。到1983年，公园里拥有产自江苏、浙江、安徽、四川、福建、广东、湖南、云南、贵州、河南、西藏、台湾等12个省、自治区的兰花。据1984年记载，公园兰花有春兰、蕙兰等10种115个品种。其中，春兰有：老十园、张荷素、金镶翡翠、张扇梅、宋梅、方字、大富贵、永丰梅、水仙大富贵、逸品、老代梅、宪荷、万字、浙江第一梅、玉梅素、天兴、汪字等；春剑有：大红朱砂、二红朱砂、春剑、送春；蕙兰有：赤壳绿梅瓣、关顶、元字、解佩梅、大一品、金奥素、温州素、衢州素、程梅、端蕙梅、烧纸梅、江南新极品、绿蕙、和字、江南极品；建兰有：龙岩素、大凤尾、小凤尾、秋素；墨兰有：素墨、大墨；虎头兰有：青蝉、红蝉、黄蝉；还有长叶兰、西藏虎头兰、海燕齐飞等。

菊花

1914年开始养殖。是北京市最早培植菊花的公园。养殖的菊花品种数百种，年养殖4000盆，均为盆栽。

1916年11月，函请各菊艺家将特种菊花送至公园陈列若干日，取名"赛菊会"。邀请专家评定名次，由公园赠给银质奖章。是年起至1921年连续6年举办菊花会，每次都成盛会。1928年北平市政府始定菊花为市花，并在中山公园大殿开菊花会，从11月初开始准备和布置，各界参展者陆续将花送到公园，展出菊花数千盆。市长何其巩亲自发出邀函，于11月11日宴请名人来园赏菊。此后，虽因国家多故，民生日艰，菊艺家已无从前之盛，但公园仍然积极提倡菊花的培植、研究种子，先后培育出新秧数百种。

1954年开始，在市园林局主持下举办"北京市菊花展览会"，第一届于11月在北海公园举行，中山公园送展菊花3盆。1955年、1956年第二届、第三届市菊花展都是在中山公园内举办。市菊花展不在中山公园举办的年份，公园每年秋季都要自办菊花展。

花坛

辟园以来，每年从4月至10月都布摆花卉，栽种花坛，美化园容。随着花木栽植数量逐年增加与栽植面积的不断扩大，修建的花台、花池、花畦数量也不断增加，到1939年有花台、花池、花畦228个。其中：牡丹池38个，均在外坛，坛南19个，坛西1个，坛东6个，均围以竹栏，四宜轩小岛上6个为砖砌花池。芍药台26座，芍药池52个，池围以竹栏，均在内坛南部。其他花池 67 个，西坛门外 23 个，西坛门内 10 个，东坛门内 8 个（以上均为瓦砌池沿），月季池 5 个，马兰花池 14 个（均围以竹栏），蔷薇廊前砖砌花池 6 个，寿丹花池 1 个。

花畦 45 个：唐花坞前 7 个，唐花坞东 2 个，石坊以西 7 个，蔷薇廊下 7 个，南坛门外事务所前 8 个，南坛门内路东 3 个，西坛门外土山处 8 个，南大门内以东喷水池处 3 个。

稷园商贾

园内的商业，主要是为游人服务，因此，经营范围多为餐饮、小食品、烟酒、照相类。从建园初期至中华人民共和国成立前公园内的商铺主要有：来今雨轩开设的华星餐馆，公园西部的长美轩饭馆、柏斯馨咖啡馆、春明馆茶点社、同生照相馆、瑞珍厚古玩字画店、秀珍斋古玩玉器店、维宝文玩字画店，有正书局及集贤山房、庆记糖果局、义记糖果亭、逸乐糖果亭、松涛啤酒店、南洋兄弟烟草公司、中华汽车修理行、天河冰窖等。到 1949 年，公园内的商业服务点有：来今雨轩西餐馆、上林春中餐馆、集士林咖啡馆、菜根香中餐馆、春明馆茶点社、中央照相馆、瑞珍厚古玩铺、集贤山房、昆曲社糖果亭、庆记糖果局、义记糖果亭、逸乐糖果亭、宜园糖果亭、扇面亭糖果店、松涛啤酒亭、中华汽车修理行、永顺冰窖等 17 家。

来今雨轩饭庄旧址

来今雨轩1915年建成，由赵升承租开设华星餐馆和茶座。1929年1月30日因营业亏损，赵升忧急过甚至患疯癫症，生意无人经营，2月份退租停业。继由商人王尧年接租来今雨轩，开设公记西餐馆兼营茶座，每月租金240元，该商自2月份起租继续营业。在经营期间，由于环境幽静、品位高雅、服务周到，不少文化名人、社会团体到来今雨轩品茗、交谈、集会、宴请，在京城颇负盛誉。

1949年以后，来今雨轩继续由王尧年经营西餐、茶点。但生意不佳，遂申请添设音乐餐厅，经管理处签核批准8月13日正式开业。使营业得以维持。1950年公记餐馆歇业，从10月1

1919年的来今雨轩饭庄旧址

日起，来今雨轩中餐部（原春明馆处）以承包方式经营，王梦燮承包中餐部任经理。西餐部由陆荫蟾承包任经理。此前餐馆虽有华星、公记字号名称，但人们习以建筑名称"来今雨轩"相呼。自此，餐馆也就不再另起号名了。

来今雨轩名字出处一是杜甫诗《秋述》："寻常车马之客，旧雨来，今雨不来。"借"今雨""旧雨"代新旧朋友。另一出处为屈原《山鬼》"东风飘兮神灵雨"，取吉祥、飘逸、灵气之意。其代表菜品有赵先生鸡丁、干烧鱼、家常鳝段等上百种，名厨高连元掌灶。

来今雨轩新址（杏花村）

位于公园西大门内以南，占地5060平方米。用地是原瑞珍厚饭庄基址和1979年北京市基本建设委员会批拨给的2200平方米空地合成修建的。建后为来今雨轩饭庄的新址，赵朴初题书匾额。

主体建筑二层楼房，东向，歇山黑筒瓦卷棚屋面，上下各7间，下为大餐厅，上为单间雅座。楼南端建楼梯间，楼北端建爬山廊，爬山廊东头建北房4间，西侧歇山，东侧悬山，过垄脊黑筒瓦屋面，为高级小餐厅。主楼南头以东建南房5间，硬山，过垄脊黑筒瓦屋面，明间、梢间安装隔扇，做酒吧和办公室。三面房屋均配廊步，主楼与南房之间以曲廊连接，曲廊中段建廊桥3间。主要建筑外檐饰苏粉彩画，内檐及天花吊顶均做沥粉贴金彩画。主楼后为厨房等后勤用房，混凝土结构，屋顶开天窗。爬山廊下，用白石叠垒成云朵状假山，高近5米。山石下垒砌水池，水从3.5米高处成人字形瀑布分两股跌落。整个景区作平面和垂直绿化。庭院中还建有长、宽各为3米的方亭1座。

杏花村总建筑面积为1750平方米，其中餐厅750平方米，后勤用房700平方米，其他爬山廊、室外楼梯、曲廊通道、廊桥、山亭等300平方米，此外，庭院中尚有临水月台70平方米，水池300平方米，甬路及地面铺装200多平方米，堆砌山石150多立方米。北京市城建技协设计室设计，河北省安新县古建工程公司施工。1987年10月正式动工，1990年4月竣工。工程造

来今雨轩新址（2008年摄）

价 223.9 万元。

1991 年 8 月至 12 月，杏花村景区西北角建平房 4 间，北向，砖混结构，面积 106 平方米。从西向东两间为冷库，两间为洗衣房。工程投资 47 056.54 元，宣武区第二建筑公司施工。

1992 年 8 月至 9 月，主楼南侧，业务室西南，原外墙的铁门改建成垂花门，木结构，面积 14.70 平方米，南向，投资 3 万元。垂花门建成后，在它的东侧向东再南折砌起脊两坡式灰瓦白粉墙 10.5 延长米，与公园西大墙相接。垂花门西侧，拆除平顶墙，建起脊两坡式灰瓦白粉墙。东起垂花门，西至房修一公司墙再北折至温水井，总长 45 延长米，墙上装什锦窗 7 个。投资 3 万元，宣武区第二建筑公司施工。

同生照相馆

1915 年坛外西南隅绘影楼出租开设同生照相馆，经营照相和照相器材及风景图片业务。1935 年 10 月因营业萧条停业。

1936 年 3 月由商人李紫绶承租原有房屋，开设中央照相馆。仍经营照相和照相器材业务。

1949 年由吴健之承租中央照相馆继续经营照相业务。1958 年 9 月中央照相馆迁出。

绘影楼

1915年,于坛外西南隅路西,建西洋式二层楼房1座,东向,上下各4间,水泥瓦两坡屋面,两山戗檐按西洋做法以浮雕装修,檐柱为古罗马柱式。二层南边设阳台,西式铁花栏轩,首层做围廊,檐柱间下设砖砌坐凳栏杆。整个楼房均做水泥白灰砂浆抹面,门窗按新式做法。楼房东侧接建敞厅3间,为仿古盝顶黑瓦屋面,方梅花柱,二层檐柱间上装吊挂眉子、花牙,下设坐凳安装美人靠栏杆。首层檐部装彩画挂檐,两步台阶。面积101.75平方米。楼西另建带廊平房3间,东向,面积60平方米。全部由私商承租,作照相馆及经售照相器材之用。1970年"五一九工程"施工时拆除。

1935年的绘影楼

春明馆茶点社

1915年私商承租紧临绘影楼以西的春明馆,经营茶水、小茶食如山渣红、豌豆黄等。另设有围棋、象棋,供茶客消遣对弈。春明馆为西房5间,卸下前窗即成敞轩。门前有徐世昌书"春明馆"匾额及对联:"春雨杏花江上客,明湖杨柳晚来风。""春明"一是说春光明媚,二是代指唐长安春明门,即京都之意。室内正面墙上挂一副集泰山《石经》的对联:"名园别有天地,老树不知岁时"。同时,还承租了路东的宰牲亭和碧纱舫扩大营业,租用南大门内以北的扇面亭作为销售卷烟的支店。1917年西临之新建商房盖好后,租1间开分号"一味庐"茶点社。

1949年中华人民共和国成立初期,春明馆由陈润韶承租经

1920年的春明馆

营中餐茶点。当年6月28日修藤椅工人张荣平夜间用席片熏蚊子引酿火灾，使春明馆破产停业。

柏斯馨、集士林

1915年柏斯馨租西坛门外"上林春"房屋8间开设咖啡馆，后添建3间雅座和4间厨房，用房15间。主营西式茶点、西餐和饮料。茶点如咖喱饺、火腿面包等，饮料有咖啡、柠檬水、冰激凌、啤酒。一时这里成为洋派人物聚首和青年爱侣话情的地方。1936年11月因营业萧条歇业。

1937年又由商人田荫轩承租原房开设集士林咖啡馆，1月9日开始营业。仍经营西式茶点、西餐及饮料。1949年中华人民共和国成立后，集士林咖啡馆继续营业，经理为尚质卿。1956年公私合营时并入瑞珍厚饭庄。

瑞珍厚

1917年，瑞珍厚古玩字画铺承租西部商房营业，经理马佑安。1949年中华人民共和国成立后，继续经营古玩字画，因营业萧条，无法维持，5月经申请批准增营清真茶点，嗣后完全转营清真饭食。

1956年实行公私合营，集士林咖啡馆并入后迁至集士林原址扩大营业。1959年7月15日经领导决定，原属东城区商业局领导的公私合营瑞珍厚饭庄移交给中山公园管理处统一管理。经营性质也从公私合营转为国营。

1965年3月按照归口要求，移交给北京市服务事业管理局经营管理。1970年"五一九工程"施工中房屋拆除，瑞珍厚饭庄迁出公园。

菜根香素菜馆

1942年3月商人郝祝三租赁公园东北门内北小院房屋14间及东头河边地皮一块开设菜根香素菜馆。租金每月150元。1949年中华人民共和国成立后，菜根香餐馆继续经营素菜、茶点。经理为陈乐萍。1949年年底因营业亏损停业。因在后河兼营滑冰场，到1950年2月冰场停业后退租。

长美轩饭馆

长美轩饭馆紧临柏斯馨以南，租用"上林春"商房12间。1917年西部新商房建成后，又租部分设雅座，主营川黔风味中餐，同时设有茶座。所售火腿包子、伊府面颇有名气，烹饪也十分著名，马叙伦的"马先生汤"就是传授给长美轩的。常来长美轩的多是中年人、绅士和知识界人士。鲁迅先生当时也常到此喝茶。

1941年1月由于长美轩长期欠租不交及营业品质不良，公园委员会令其退租迁出。至3月由商人张瑾继租，用"上林春"继续经营中餐。1949年中华人民共和国成立后，继续营业，经理为徐养竹。1952年因拖欠房租，解除租赁关系，停业迁出。

庆记糖果局

1925年，西坛门外北侧建成船式商亭（俗称"旱船"）4间，租给商人张沛然开设糖果店。1949年中华人民共和国成立后，店主蓝大中继续经营糖果业务。1950年市建设局批准辟西门，因影响施工，庆记糖果局于10月30日迁出公园，此亭改为游人休息处所。后设立食品、饮料小卖部至今。

松涛啤酒公司

1947年飞马牌啤酒公司租用公园西坛门外以北路西东洋式亭子1间出售啤酒，此后人们习称该亭为"啤酒亭"。1949年中华人民共和国成立后，改由沈多闻继续经营啤酒业务。1951年4月令其迁出。

冰窖

1925年冰窖建成，公园自营。1928年冬改由天河冰窖商人承售。订有承售合同，一年为限，冰价 430 元。每年续订承租，冰价亦随之有所增减。1933 年天河冰窖年包售冰价为 600 元。公园为增益租价，登广告重新招标，11 月 18 日开标。商人许渤霖投价最高，出年租价 1004 元，议决由许领租。一年合同到期后，因营业赔累退租。又有永顺冰窖呈请以每年租金 600 元承租，定名为和顺冰窖。

1949 年北平解放，和顺冰窖继续以卖天然冰为业，后更名为松林冰窖。1951 年 9 月 4 日停业，12 月拆除冰窖，填平窖坑。

稷园人文

场所设施

西部展厅

西部原绘影楼、春明馆等建筑，因"五一九工程"拆除，1971 年恢复地面建筑时未按原貌恢复，重新设计改建为展厅、茶点部及附属房屋。设计总体为一组对称式建筑，包括三部分：南展厅、北展厅、茶点部，中间各由 3 间半壁廊相连，廊间各有一随墙圆门通往后面院落，均东向。

房屋为青砖混凝土结构，盝顶黑瓦屋面，清水脊，南展厅 6

间，前建廊式门头3间，建筑面积246平方米，先作展览用，后为中国计划生育宣教中心租用。北展厅在南展厅和茶点部中间，12间，正厅上边建正方亭式门头，重檐，屋面为黑瓦攒尖顶绿琉璃瓦剪边，门外建廊式门头3间，建筑面积452.40平方米。先作展览、游艺室用，后对外出租。两展厅后建砖木结构平房18间，其中广播室6间，建筑面积145.60平方米；库房9间，建筑面积185.30平方米；美工室3间，建筑面积44.70平方米。

行健会

位于南大门内东侧，始建于1915年5月。初由中央公园董事会董事长朱启钤和董事曾叔度、张仲仁提议，公园拨出外坛东南隅空地。朱启钤、雍剑秋、金伯屏、曾叔度、张仲仁等捐助开办费6900元，5月动工兴建，翌年9月竣工，工程费4000元。同时，添置设备及棋球弓箭等健身器具。如购置投壶、箭壶费110银元，网球全份28银元。

行健会，9间，坐北朝南西式建筑，瓦楞铅铁板屋面，明间南坡屋面上开老虎窗，上作西洋浮雕装修。整个建筑外皮作水泥白灰砂浆抹面。房南建月台，三面筑砖砌坐凳栏杆，中间开口设三步台阶。行健会建筑面积221.10平方米。进门中间为正厅，东侧南半部为事务室（办公室），北半部为会客室（会议室），西侧为棋、球、投壶、阅报室。房东头过曲廊有房6间，面积84.45平方米，为传达室、烹茶室、浴室、厕所等。曲廊11间75.9平方米。室外南面建网球场2个，射圃1处。射圃为长条形，箭靶设在一端，为卸装式，射箭时装上，射毕摘下存放。

1918年的行健会

行健会，名系《易经》"天行健，君子以自强不息"之句而来。门前竖有"行健会刊记"石碑一方，由教育总长张一麐撰文，许拜五书写，陈云亭刻。

1951年年初行健会解散停办，建筑由中山公园管理处收回，作园林设计委员会园艺组办公室。7月因影响办公拆除球场和周围铁丝网。1955年5月，开办报刊阅览室，免费接待游人。1959年公园由上海引进兰花，这里便作为陈展兰花之所。

1965年因房屋渗漏严重及展览兰花的需要，翻修改建房屋。建筑平面由原来的"U"字形，改建成横"H"字形的仿古建筑，建筑面积扩为280平方米。中间北房及两侧东、西房各为3间，屋面为仰瓦灰梗歇山顶，柱间下砌槛墙，上安玻璃窗。南面门外保留月台，沿台砌矮花墙。园林局修建工程队施工，1965年6

月10日动工，9月15日竣工，工程费3.69万元。改建后，除在春节前后作兰花展出用外，其余时间仍作阅览室对游人开放。1966年以后"文化大革命"期间，改为毛主席著作学习室。

1970年"五一九工程"时被拆除。后原址重建。格局、结构与原建筑相同，只"H"字形房中间部分原为3间改为5间，建筑面积扩为320平方米，东面曲廊改为直走廊，西面门外取消抱厦改与长廊相接，南面门外上方悬挂"兰室"匾额，门外月台矮墙改作十字花墙。走廊以东原宿舍房亦重建，作为外宾接待室。兰室建成后，每年春秋季在此举办兰花展览。1980年开始，不展出兰花时对外出租。1985年7月，南门外月台上增置南极岩石。1988年3月以后，东厅改作管理处会议室。

台球房 地球房（现第三幼儿园）

1915年于董事会北厅以南，建南向大厅3间作台球房。从永昌洋行以800银元购球台1份设于室内。并用端门南之西庑朝房8间，修饰后作地球房。1916年春由永昌洋行承做地球房的地板、栏杆和地球，用银元1200元。1919年秋，另辟坛内西南角新建砖木结构平房12间及走廊、垂花门各1间做球房，中和木厂承做。建成后即将地球设备和台球台从董事会院内迁至新址。土建、油饰、装修工程费用银元3818元，安设地球盘工料费银元271元，做地球20个；球棒20根，支出银元24元，支出4113元。此外，在新建球房旁，建住房3间，支工价款387元。1921年秋，又衔接原球房增建铅铁顶地球房8间。添建球房及地板支付工料款2771元。

1929年2月，改由私商王尧年经营，除保留原地球房继续开展地球活动外，其余房屋改营餐馆，成为来今雨轩公记餐馆的一部分。

1942年6月，因举办"大东亚博览会"占用整个公园，而各画家预租举办画展的房子被占用。为此，收回球房的南部，做截断墙，隔成3间，将旧有地球道改做地板，挂灰顶棚，添装门口、门扇、电灯，辟为书画展室。

1946年，利用地球房旧址，成立儿童康乐部，旧址占地东西长33.33米，南北宽16.67米，12月至翌年3月改建房舍。改建后有报名室、儿童卫生展览室、儿童健康检查室（内分诊室9间、度量室1间、预防接种室1间）、育婴实习室、医务室、护士室、办公室、储藏室、盥洗室和可容纳150人的大讲堂等。自1949年5月始向公园管理处缴纳房租。1951年改为北京市第二托儿所，1954年9月又改为北京市第三幼儿园。

游船码头

1939年4月2日，公园第130次委员会议根据刘一峰委员提议，决定利用后河50亩水面添设划船业务。造船商人刘俊德估价承制游船8只，每只工料费国币116.30元，4月20日交齐。同时，河南岸东段辟建码头，支搭宽16.67米，进深6.67米席棚1座，整理油饰售票木阁1个，安装电灯等。接修码头、造船、搭棚、整饰木阁、装电灯及印票、购挂表等支出开办费1298.61元。还相应整修、油饰了后河南岸护岸铁栏杆、柱墩，铺墁码头前水泥砖路面55平方米。当年4月22日正式售票营业。

1947年夏，添装河面电灯10盏，备夜晚划船用。8月1日起，在后河东部辟优待军人划船码头。

1984年5月动工改建游船码头及小卖部等建筑，12月竣工。北京市门头沟区第二建筑工程公司东辛房四队施工，工程投资14.5万元。

1992年7月将码头上下船木平台板改换成浮桶钢板平台。

音乐堂

后河游船

1942年1月，日伪新民会中央委员会发起以"中日亲善""大东亚共荣"为主题的歌曲征选活动。为歌曲征选中选的歌曲开辟1个演出场地，决定在中央公园内建一音乐堂。原拟为日式建筑，因与社稷坛的整体形式相差太大，破坏社稷坛的建筑格调，在无法抵制的情况下，经多方托人疏通，日方才同意建一简易露天剧场。

以日伪北京市公署名义，日本人内单卓弥操办成立音乐堂建筑委员会。工程从1942年7月1日举行"勤劳奉仕"，并动员全北京市中、日学校教职员、学生等参加平土垫基，8月7日正式开工，11月初竣工，耗资20多万元，定名北京市音乐堂。

剧场建在公园东坛门内以南，平面成扇面形，面积4550平方米，为无顶露天式。剧场周围无围墙，以铁丝篱笆隔离，篱笆内是一圈土岗，上植灌木。土岗断处为出入剧场之门。舞台为砖砌填土筑成，约为400平方米，台顶用铅铁板搭盖，檐前书有"音乐堂"三字。台两边有装置灯光、播音器的地方，舞台后半部建有弧形"反声墙"以及事务室、化妆室、道具室、卫生间等。观众席面积约 3000 平方米，坐位是用砖砌的方墩架以木板搭成的条凳。观众席分三段，容纳 3200 人。

11 月 9 日至 13 日由音乐堂建筑委员会和华北宣传联盟主办竣工纪念大会，会后，北京特别市公署将音乐堂移交中央公园管理。

1949 年 8 月奉北平市军管会及建设局令，音乐堂随中山堂一并移交给中国人民解放军北平市军事管制委员会委托经管者人民文工团管理，制定双方协定。自此，音乐堂脱离公园，属驻园单位。

1955 年 10 月至 1956 年 4 月，市财政局拨款，市第一建筑公司施工，开始加顶工程。北京建筑设计院著名建筑设计师朱兆雪、赵冬日设计。1957 年 10 月改建后音乐堂基本具备了现代剧场的标准。至 1987 年 4 月，经过改建，将 1 个只有屋顶没有墙窗的敞开式剧场，改建成 1 座封闭式的现代化剧场。

卫生陈列所

1916 年由内务部主办，在坛内神库内设卫生陈列所，占房 5 楹，隶属京师警察厅。1928 年归属北京市公安局卫生科。1933 年 11 月北平市卫生处成立（后改卫生局），改属卫生处。

陈列的展品分衣服卫生、饮食卫生、居住卫生、儿童卫生、卫生常识、胎生、花柳病、肺痨、传染病、医药 10 个组。具体的陈列内容有食物、器物、肌肉、内脏、解剖等各种实物、模型、挂图以及各种草药、菌类、书籍、标本。开办之初，售票参观，每券铜元4枚。后改免费参观。卫生陈列馆以灌输市民卫生常识为宗旨，对宣传、普及卫生常识起到较大作用。

卫生陈列所于1950年10月经北京市政府批准扩大为卫生教育馆。

通俗图书馆

1916年5月教育部利用社稷坛戟殿创办图书阅览所，由教育部图书室及京师图书馆等处分拨书籍。1925年12月奉部令更名京师第三普通图书馆。1927年7月复奉令更名京师第二普通图书馆。1928年11月20日经教育部将图书馆交北平特别市政府管辖，更名为北平特别市革命图书馆，并派市政府秘书王樾兼任馆长。1929年7月13日又奉府令更名北平市立中山图书馆，馆长郭耀宗兼中山公园委员会委员。1930年11月3日改任李彝为馆长。1937年8月改名北京特别市公署通俗图书馆。设馆长1人，由市长委任。馆藏有中文图书9600余种，计4万余册；外文图书600余种，计1000余册。抗战胜利后并入北平市立图书馆，为其分馆。1950年7月19日迁出公园。

纪念活动

孙中山厝灵迎榇拜殿

孙中山于1925年3月12日上午9时30分逝世，19日上午11时，李大钊、林祖涵、吴玉章、于树德和中国国民党众要人及

北京各界民众在社稷坛拜殿前悼念孙中山

鲍罗廷、宫崎寅藏、萱野长知等为孙中山举柩执拂,将孙中山灵柩移到中央公园,安置在拜殿正中。迎门壁悬中山先生遗像,棺上覆盖青天白日旗,灵堂悬匾"有志竟成",挂联"革命尚未成功,同志仍须努力"。23日开始由北京市全体国民党员致祭。24日起举行公祭,中外团体及个人往吊者川流不息。至4月1日下午,治丧处收花圈7000多个,挽联59 000余副,横幅500余件,唁电、唁函不计其数。其中,最引人注目的是李大钊的一副214个字的长挽联。上联:"广东是现代思潮汇注之区,自明季迄于今兹,汉种子遗,外邦通市,乃至太平崛起,类皆孕育萌兴于斯乡,先生挺生其间,砥柱于革命中流,启后承先,涤新淘旧,扬民族大义,决将再造乾坤,四十余年,殚心瘁力,誓以青天白日满地红旗,唤起自由独立之精神,要为人间留正气";下联:"中华为世界列强竞争所在,由泰西以至日本,政治掠取,经济侵凌,甚至共管阴谋,争思奴隶牛马尔家国,吾党适丁此会,丧失我建国山斗，云凄海咽，地黯天愁，问继起何人，毅然重整旗鼓，亿兆有众，惟工以农，须本三民五权，群策群力，遵依牺牲奋斗诸遗训，成厥大业慰英灵"。前往致祭者746 823人次，机关团体1254个。4月2日大殡，上午11时启灵，将孙中山遗体由中央公园移往西山碧云寺。

南京中山陵建成后，1929年5月，中国国民党中央总部派遣以林森、吴铁城为专员的迎榇宣传专用列车来北平，奉迎孙中山的灵柩到南京安葬。国民党河北省党部和北平市政府、市党部成立总理奉安纪念大会筹备会，负责迎榇事宜。整个迎榇纪念活动从5月21日开始，活动主要事项是：召开各种纪念会、向公众宣传讲演、多处放映宣传列车提供的有关孙中山革命活动的影片、组织去碧云寺孙中山墓恭祭，最后于5月25日上午，在天

孙中山公祭中央公园南门

安门前举行送梓纪念大会。5月20日市政府训令中山公园自5月21日至25日免费开放,以便民众参加纪念活动,借表哀忱。其间,中山公园内的活动具体安排为:21日晚召开迎梓纪念会,有市党部主席云龙及南京来京迎梓委员讲演,并放映电影;22日上午召开欢迎迎梓宣传纪念大会;23日举行中山纪念堂竣工典礼。

为使北平有一个永久纪念孙中山的场所,河北省政府和北平市政府1928年决定,将曾经停放过孙中山灵柩的原社稷坛拜殿,改建为中山纪念堂,中央公园名称亦改为中山公园。公园名称于1928年9月5日即奉令更改。在迎梓纪念活动期间,5月23日举行中山纪念堂竣工典礼。

纪念堂内外装饰布置一新,堂南檐下高悬"中山堂"匾额。堂内迎门北墙上,悬挂金边蓝地白字"天下为公"横额一方,下交叉悬挂国旗和国民党党旗,再下为高三尺、宽二尺余孙中山遗像和宽二尺、横六尺木质金边蓝地白字"总理遗嘱"一方,两旁悬挂"革命尚未成功、同志仍须努力"对联一副。前面为三尺高木质半弧形演讲台,台上中间摆放讲台,旁设花几四个,台边陈设鲜花多盆。台下两侧各设记录席一个。东、西两壁,各悬高五尺,宽八尺木屏天扇,上书《建国大纲》全文。屋角、联侧、柱间装设圆形电灯。室内宽敞明亮,庄严肃穆。

竣工典礼,河北省政府主席商震任大会主席,吴承湜任司仪。上午8时20分正式开始,首先行揭幕礼,继由商震致词,以后各首脑、代表相继讲话。到会的有:孙科的代表梁寒操(孙的秘书),迎梓专员林森、吴铁城以及中国国民党河北省党部、北平市党部代表、各机关、团体代表等 400 余人。大会于 9 时 30 分结束。

文体活动

"清严偕乐，不缪风雅"是中山公园开展文化、娱乐、体育活动的重要原则，历来受到社会人士的重视和支持。中华民国时期，文化娱乐活动方面有各种展览、游园会；体育方面有：行健会、划船、溜冰、球类、儿童体育场等。

各类展览

1924 年 4 月，中国画学研究会主办中日绘画联合展览会，陈以益主办爪哇风景衣物展览会。

1925 年 1 月，杨令茀造大观园模型展览会。

1937 年 5 月 9 日至 12 日，水榭举行张大千、于非厂国画展览。6 月 20 日至 27 日，中国画学研究会在董事会举办国画展览。

作品产品展

1923 年 6 月 1 日，司法部监狱出品展览会。集第一、二监狱产品，借用园内大殿竞卖。10 月 9 日香山慈幼院学生手工成绩作品在大殿竞卖。

1931 年 3 月 29 日，北京中国农工银行主办国货展览会。展览北京市各行金石、文玩、毛革、丝织等国货产品，标价竞卖。

筹款展

1924 年 8 月，佛教筹赈会借大殿陈展各寺所藏法物及经文、佛像，售票助赈。

中山公园画展

1935年9月，湖北同乡会举办金石书画展览，售卖得款赈灾。

1936年2月，苏北水灾筹赈会在董事会餐堂举办金石书画展览。11月举办北京赈灾书画展览，均售票得款赈灾。

宣传教育展

1932年5月，中国营造学社社长朱启钤主办歧阳文物展在大殿举行。歧阳是明太祖朱元璋外甥李文忠的家乡。展出的文物均是歧阳世家故物。有明太祖所赐的墨敕、亲御服物以及李文忠的历史画像、记功图册等56件。

1933年4月18日至22日，上海美术专科学校国难宣传团展出画、图。

1942年5月29日至6月21日，由日伪"华北宣传联盟"举办"大东亚博览会"。博览会分5个会场11个展馆。

除正式展馆外，还设有明宝电影院、余兴场、儿童体育场、邮局、饮水处、售品部。举行彩票开奖、儿童健康检查、表彰等活动，晚间施放焰火。

游园活动、新年活动

1915年1月1日至4日，公园开放后的第一个新年举行游园会。邀约各种乐队演奏，每晚燃放焰火。从1916年起每值新年都有庆祝活动，至1921年以后不再举行。

春节活动

1922年起，每值上元灯节必张灯，燃放花盒。1928年以后，因地方当局禁止燃放花炮，此举亦即停止。

国庆活动

1914年10月10日，公园开放。园内布满各式五色纱灯、彩色电灯，军乐队和警察乐队分班来园演奏。

1915年至1918年，每年10月10日，除有乐队演奏外，加演滩簧、高腔、昆曲、什幡20余种。晚上演电影、放花盒及东洋焰火。

1919年、1920年循例举行，并加演京剧及韩敬文戏法、王四武技、广阔臣花坛等。游人锐减，不及前一年的1/3，由此以后，每值10月10日只门前扎一牌楼略施点缀而已。

1949年中华人民共和国成立后，按规定国庆节的10月1、2日两天对市民免费开放。1977年以前，天安门举行阅兵、群众游行庆祝活动，中山公园为会场区；或由北京市、东城区政府在中山公园举行有组织的游园活动。10月1日不开放时，推延至

10月2、3日向市民免费开放。1978年以后公园内不再举办有组织的游园活动。恢复10月1、2日免费开放的惯例。

筹款游园

1917年秋，近畿以及天津各县洪水为患，灾情惨重。旅京官绅成立天津水灾筹赈会，除分途募捐施赈外，定在中央公园举行大型游艺会售票筹款，由京师警察厅主办。会期园内除遍布各种游艺、灯彩外，还捐集珍贵物品以做赠彩。参观券每券3元。游艺方面有京剧、杂耍、南北名花清唱以及各种香会如开路中幡、狮子、秧歌、五虎棍、少林棍、杠箱、跨鼓、双石、天平、旱船等。园内沿路布满五色电灯，晚间加演电影、燃放焰火。坛西设酒肆，备中、西美酒由花界当垆。3日营业收入达900余元。参观券收入6万余元。

1917年10月18日，北京英国红十字会书记、会计员福乐善应伦敦红十字会总事务所要求开展募捐。经政府同意，借中央公园开游园大会1天。园内布满彩灯及各种游艺，内容有：酒肆约请清客串友，下午6时至7时半，晚上9时起两次开市，有欢喜团圆、打中椰子、木老妪、枪靶场、耍狗熊等玩意；习礼亭一带有大台戏、八角鼓、耍狗熊；在大殿内演电影；球场和坛西门两处有水平较高的乐队演奏，晚上西坛门处乐队移到投壶亭演出。另备小船不时游于河塘中演奏。来今雨轩备上等西式茶点，自下午4时至6时和晚上11时特备晚餐，每餐5元，购票定座；社稷坛上燃放西洋烟火。另备彩票，每张5元，随时出售，可博大彩。参观券每张1元。

1920年9月26日,华北救灾秋季游园助赈会,因直鲁豫各地旱蝗灾赤地千里,发起借用公园开游艺会1日。参观券售铜元60枚。设京剧、昆剧、杂耍、大台宫戏、拳术、音乐、灯谜以及电影、花盒等,集一时之盛。

1921年2月25日至27日,为救济各省灾荒,中外人士公推国务总理孙宝琦为会长,大总统为名誉会长,举办全国急募赈款大会。会期内中央公园、天坛、先农坛,以及太和、中和、保和三殿同时开放。参观券售银5角。游艺由各校学生分别担任音乐、游戏、武术、体操等项。7月31日至8月1日贵州赈灾游艺会,10月16日江苏水灾筹赈会,11月湖南新宁筹赈会均在公园举办游园会。

1923年4月13日至15日,河南灾荒赈济会在公园举办;5月14日至18日山西赈灾会、旅京贵州镇远筹赈会均在公园举办。11月17日至19日,日本东京大地震,灾情惨重,政府多方筹款募捐,本园特捐10天票款银元400元交日使馆汇转。

营业游园

1938年2月12日至14日,为弥补亏空举办春节游园会。园内点缀冰灯、火判、麦芽人物、焰火、花盒等。门票每券售国币2角,附带赠彩,彩品函请各董事及名画家捐赠,收彩品360件。

此次游园会在《新民报》《实报》《新兴报》上刊登广告,电车、电台张贴或广播广告。会期3天,收票款4300余元,点缀开支用700元。

1939年春节继续举办游园会,票价仍为2角,但收入不如上年，售票 10 977 张，收票款 2195.40 元。

卫生运动会

1934 年至 1938 年，每年均举办北平市卫生运动大会。中山公园为主要会场，大会由北平市卫生处主持，市公安局、社会局、自治事务监理处、妇女协会、男女青年会、民众教育馆等团体参加。每次会期 8 天。1936 年为第三次卫生运动大会。除在民众教育馆、灯市口公理会、缸瓦市中华基督教堂、珠市口福音堂同时举行展览、讲演、儿童健美比赛外，中山公园内设 5 个活动组。

第一组：水榭，分环境卫生、卫生习惯、营养食品、妇婴卫生四室。

第二组：春明馆，饮食制造与卫生关系展览室。展品多征自商家。

第三组：碧纱舫，通俗卫生图画展览。展品多是中、小学生所绘，或征自各书店。

第四组：卫生陈列室生理与病理展览。

第五组：中山堂卫生行政统计图表及照片。

5 月 24 日下午 2 时，举行儿童健美决赛，甲、乙、丙、丁 4 个组，每组取 10 名。会期原定 5 月 17 日至 24 日，由于参观者踊跃，又延展 3 天，27 日闭幕，先后参观人数达 24.3 万人次。

体育活动

行健会活动 1915 年 5 月始建，为京师首创公共讲习体育场所。设有棋类、台球、网球、投壶、弓矢，并聘请武术教师教练拳术、剑术，此外有报刊阅览、沐浴、烹茶室等。会中设委员

9名，朱启钤任会长，其他分别掌管总务、会计、文牍等事项，任期1年，每年4月开常会，每月开委员会1次，订有会章。开办初期，每年用于聘请武术教师，雇用工友、球童，购置台球、网球及电灯、电话，订阅报刊等经常费用1000余元。经费来源于会员的常年会费和公园给予的赞助。但当入会会员超过100人时，超出会员的会费收入，要交公园董事会一半。参加行健会的无论何人，只要履行入会手续，定期交纳一定数量的会费，即可成为会员。凡会员发给会员证，凭证可免费入园并享有使用、参加行健会一切设施活动的权利。初期每人年交纳会费12元，会员100多人，盛时会员达数百人。

1940年以后，增加排球、篮球、乒乓球、羽毛球，均为会员自己筹款置办。乒乓球台设在行健会中厅内。网球场旁修建1排球、篮球两用场地。后期，著名京剧演员程砚秋、金少山、叶盛兰经常来此打太极拳。来此打网球的会员有40人，并组成行健会男女网球队，男子队10人，女子队2人，时常与欧美同学会等球队比赛。排球、篮球也组织了行健会代表队经常进行比赛。

1946年会员会费改收每年法币300元，5月15日起又增至年纳法币6000元。当时来行健会参加活动的多为士官绅商、高级职员。中华人民共和国成立后，1951年年初解散停办，建筑由中山公园收回另作他用。

旱冰场 1920年，京兆尹公署同事申请在西坛门外鹿囿以南空地处，自建陆地溜冰场和柜房6间经营"溜冰"业务。1923年因营业不振公园收回，改由柏斯馨咖啡馆领租继续以营旱冰业务。到1936年冬因生意萧条停业。

足球场 1921年，石牌坊以西、习礼亭以南空地开辟为临时足球场。东西宽60米，南北长70米。南面设1足球门。四周植松树及绿篱。1923年又在球场北部设1球门，成为正式足球场。经常来此练球的有30多人，并自发组织1球队，借公园之名取名"中央足球队"，但无一定组织和制度，只是比赛前由发起者通知，相互传达按时出场，以后不断发展，拥有不少足球好手，实力倍增。同燕京大学、育英、汇文、潞河中学等校球队比赛，几乎每战必胜，成为称雄一时的球队。还经常与驻京美国、法国、意大利、印度士兵比赛，赛场另借。

1929年改辟为花圃和儿童体育场。

儿童体育场 1929年南门内以西足球场废除后，在空地的西南端，依长廊以北建儿童体育场。场地东西宽约40余米，南北长25米，其中设秋千1个、铁杠2个、压板1个、滑梯1个。

1932年又添设秋千1个、压板1个、6座转椅1个，并连同原有体育器具油饰见新。

网球场 1931年，坛内东南隅建网球场两个，一个为公园董事专用，一个对外开放。场地设专人管理，并制定有《网球场暂行规则》（以下简称《暂行规则》），其中第一、二条规定："凡本园董事来场打球者，每年酌收补助费3元，非公园董事打球者，每年收费6元。"

1936年，修正《暂行规则》第一条，修正后条文为："本球场为本园董事会建设，董事来场打球者收年费2元，交费后给予

1929年的中央公园游乐场

打球入场证1张凭证入场，但每董事得购2张。"

1937年，翻修球场及人工费用，每年开支需300余元，而售出球证仅31张，收入不足百元，为解决经费紧张，非董事球证改为每季3元。

1940年，根据游人请求，在坛内原网球场以北接建网球场两个，入场证年收费公园董事8元，非董事10元。

1942年，因修建音乐堂，6月7日公园第168次委员会议决定，将网球场移建于中山堂以东，图书馆办公室前，建两个，永大建筑厂承修，实支工费690元，以后逐年春季翻修1次。中华人民共和国成立后取消，改为绿地。

高尔夫球场 1931年，应商人杨碧秋呈请，在公园鹿圈以东树林内租地55.60平方米，自建高尔夫球场以供游人游戏运动。3月11日经公园委员会核准，可在夏季6个月营业，地租为每方丈每月3元。5月份又续租球场以北11.10平方米空地添设茶点部，定地租每平方米月租1.50元。

1932年因营业亏损，球场倒闭。同年11月13日由何凤岩领租，继续开设高尔夫球场并兼设茶点部。将地租减为每平方米月租1元。1936年3月28日高尔夫球场呈请继续领租营业，但经理另推股东王华亭担任，地租每季交200元。

1938年又由商人郝万章领租继续经营高尔夫球场及茶社，茶社起名宜园。以后每年续租，地租亦有调整。

1951年因公园新辟西大门，妨碍活动，影响园容，于当年3月份迁出公园。

滑冰场 1934年，经刘一峰委员提议，为避免公园冬季冷落，增加收入，利用后河冰面开办滑冰场。冰场设在后河东段，以栏杆围挡，支搭席棚。冰场内设置茶点部、存衣处，并有拭磨冰刀等项服务。冰场于当年12月22日开幕，开放时间为每日上午8时至下午8时。票价分甲、乙两种，甲种为季券，每张1.40元；乙种为一次用券，每张铜元20枚。

1939年因市面铜元缺少，12月10日冰场开幕时，改为日券售国币6分，本券每本12张，售国币5角，季券每张售国币1.50元。1942年11月改为日券每张3角，本券每本12张3元，季券每张4元，特种券每张5元。

1939年的后河冰场

　　1953年根据北京市政府联合办公决定，由市体育运动委员会、市总工会、市园林处、市公安局、市卫生工程局五单位于11月27日联合组成北京市冰上运动委员会，直接联系指导文化宫、中山、北海、什刹海冰场的业务并提出要求。中山公园设专门领导小组制定售票、查票、存车、巡查岗位规章制度。冰面天天保养，冰层厚度必须在15厘米以上，每次最多可容纳1200人。开放时间一般在每年元旦前夕，立春结束。票价季券1万元（旧币，下同），团体10人以持介绍信八折优待；日券500元（无团体票）。"文化大革命"期间停办。1972年年底冰场重新开办，1989年至1993年初因设施不完备冰场再次停办，1993年年底至1994年冰场又重新开办。

游船 1939年于公园后河创办划船业务,4月22日正式售票营业,时有木制游船8只。由于租船者踊跃,船只供不应求。同年6月从天津购旧木船10只(大船8只,小船2只),经整修油饰当月15日即下水营业。18只船除2只小船自用外,16只营业船都有编号和名称。游船票价第1个小时为5角,连续租乘为每小时4角。第一年开办划船业务,从4月22日开幕到10月31日结束,开放6个月零9天,收入颇佳,合计3160.70元。

1940年除维修好15只旧船外,又添造游船6只。1941年鉴于划船者踊跃,再增造游船6只,计有游船27只。

1942年,因修船、造船工料涨价,从2月1日起,将划船票价调为第1个小时7角,第2个小时以后,每小时5角。

1946年3月23日由招商经理人唐荣安经营。票价每小时200元。以后随物价上涨,划船票价亦不断调整。

名人活动

李大钊(1889—1927)

1916年10月10日,双十国庆,各机关放假,午后李大钊同白坚武、黄见平到中央公园游览休息。12月1日,在中央公园举行黄兴、蔡锷追悼会,李大钊、白坚武同到中央公园参加追悼会。12月25日为云南首义纪念日,李大钊、白坚武、刘任夫偕往中央公园观看纪念会。纪念会由政学会包办。

1918年12月6日,《北京大学日刊》登载李大钊主任在北京中央公园发表的演说《庶民的胜利》。

1920年8月19日,李大钊到中央公园来今雨轩出席由"少年中国学会"召开的北京会员茶话会并发表讲话。

1921年9月14日晚7时,李大钊到中央公园来今雨轩参加少年中国学会北京总会召开的谈话会。到会的还有高君宇、陈愚生、黄日葵、余景陶、杨钟健、鄢公复、陈仲瑜、章一民、苏演存等10人。会上,执行部宣布了本届评议员的选举结果。在座的本届评议员李大钊、陈愚生、余景陶、苏演存等4人,商定推举杨钟健为本届执行部主任,陈仲瑜为副主任。并决定发函征求缺席的另3位评议员的意见。

1925年3月11日下午2时,中国国民党在中央公园来今雨轩,欢迎国民会议促成会全国代表。主办方面到会者有吴稚晖、丁惟汾、戴季陶、李大钊、于树德等10余人,到会代表100余人。欢迎会上首先由主席丁惟汾致欢迎词,次由吴稚晖、戴季陶、李大钊相继演说。

1925年3月19日上午11时,将孙中山灵柩由协和医院移送中央公园拜殿停放,并决定灵柩移送不用扛夫,而由国民党党员的中坚人物抬送,以表尊敬之意。派定24人,分3个组,以便更替。李大钊编在第二组内,抬送孙中山灵柩到中央公园。

1925年3月20日中午12时,李大钊到中央公园来今雨轩,出席国民会议促成全国代表大会招待会。参加招待会的除各省代表外,还有汪精卫、戴季陶、吴稚晖、马寅初、于右任、于树德等多人。

据梁容若回忆：1925年3月，在北京中央公园参加对国父的吊祭之后,在一本"三民主义"的册子上,曾请李大钊教授题词,李题写的是"为天地立心，为生民立命，为往圣继绝学，为万事开太平"。

1926年1月27日下午1时，北京国民反日大会在中央公园社稷坛举行追悼郭松龄大会，邀请李大钊等为讲演员。

鲁迅（1881—1936）

在中央公园建成开放后的十多年间，仅从《鲁迅日记》中的记载可知，来园即达82次。1915年至1926年几乎每年都来公园。最早是1915年8月7日，日记中写道："8月7日，前代宗子佩乞吴雷川作族谱序，雷川又托白振民，文成酬二十元，并不受，约以宴饮尽之。晚乃会于中央公园，就闽菜馆夕餐，又约季市、稻孙、维忱6人"。此后，1916年1次，1917年5次，1924年8次，而1926年从7月6日至8月9日几乎每天下午都来公园，一年之中来公园多达28次。

来公园的目的多是饮茶、交谈、阅报、参观展览、翻译小说。例如，1924年5月30日《日记》载："遇许钦文，邀之至中央公园饮茗"，他们这次交谈就是讨论小说创作问题的。1926年6月6日"往中央公园看司徒乔画展，买两小幅，泉九"。1926年7月6日至8月9日下午连续来公园，是为与齐寿山合译荷兰作家望·蔼覃的童话小说《小约翰》。经过约一个月的努力，在中央公园内完成了这部童话的译著。

1929年5月鲁迅从上海回北京探亲，24日上午青年文艺社团"沉钟社"的成员杨晦、冯至、陈炜焕等人访问鲁迅，鲁迅和他们一起到中央公园共进午餐。27日又应友人相邀在中央公园长美轩进餐，同席有文化名流沈尹默、马隅卿。

高君宇（1896—1925）

1920年12月17日，参加少年中国学会在来今雨轩举行的欢迎会，欢迎由南洋归来的会员朱铎民。

1921年9月14日，高君宇参加少年中国学会北京会员在来今雨轩举行的谈话会，会上宣布了该会第三届评议员的选举结果。与会者有李大钊、黄日葵等。

约翰·杜威（John Dewey，1859—1952）

1919年4月30日至1921年美国实用主义哲学家、社会学家和教育家杜威在梁启超等学界名人的鼎力支持下来中国讲学。1919年10月20日是杜威60岁生日，当晚7时北京大学与教育部、尚志学会、新学会共同为其在来今雨轩举行晚宴。宴会由蔡元培主持。1921年6月30日，已经在中国讲学两年的杜威启程回国，中午12时在来今雨轩举行宴会为杜威夫妇及他们的女儿饯行。

伯特兰·罗素（Bertrand Arthur William Russel，1872—1970）

1920年10月31日，英国哲学家、数理学家、逻辑学家，分析哲学的主要创始人，世界和平运动的倡导者和组织者罗素应北京大学校长、欧美同学会总干事蔡元培之邀来华讲学，罗素一行到京后，新学会、北京高等师范学校等团体纷纷请他演讲。讲学结束前 1921 年 7 月 7 日晚，讲学社在来今雨轩饯别罗素夫妇，到会者有汪大燮、梁启超等 20 余人。

萧乾（1910—1999）、林徽因（1904—1955）

曾经多次到来今雨轩举行茶会，邀请众多知名作家谈文学，其中包括叶圣陶、巴金、朱自清、朱光潜、沈从文等。

林语堂（1895—1976）

1923 年在北大任教，参与《语丝》的编辑工作，经常与鲁迅、郁达夫等在来今雨轩聚谈，交谈学术。

张恨水（1895—1967）

原名张心远，江西人，现代小说家。在来今雨轩参加招待上海新闻记者东北视察团的宴会时与上海《新闻报》副总编兼副刊《快活林》主编严独鹤相识，应约为其撰写一部连载小说，便开始在来今雨轩撰写《啼笑因缘》。

李苦禅（1899—1983）

画家、美术教育家，山东人。1946 年起，任北平艺术专科学校教授。中华人民共和国成立后，任中央美术学院教授，全国政协委员、中国美术家协会理事、中国画研究院委员。李苦禅擅长大写意花鸟，既有深厚的传统功力，又主张个人创造。其画作总体上以雄浑、朴厚、豪放为特色。20 世纪 40 年代他曾多次在来今雨轩举办个人画展。

社团活动

20世纪二三十年代中山公园的茶座可以说是"文化茶座",已故学者邓云乡甚至认为,发生在中山公园的重要文化活动,"足可以编一本很厚的书,足见一个时代的文化气氛"。其建成不到五六年便成为京城文化圈遇重要活动的一个首选去处渐而成为习惯。

中国画学研究会

1919年画学研究会成立。由山水画家徐北楼任会长,周养庵任副会长,成员200多人,著名的有秦仲文、吴敬亭、徐燕孙、徐养吾、王雪涛、汪慎生、周怀民、李苦禅等。每逢三、八为例会,每月活动6次。会址设在董事会餐堂内,有时临时移至水榭活动。会员在一起切磋画技、互相观摩。每年进行一次评选,择画作佳者予以公展。早期学会经费曾得到总统徐世昌的资助。画学会历时30余年直至北平解放。该会编印之《艺林旬刊》(后改月刊),为民国时期颇具影响的文艺刊物。

文学研究会

1921年1月4日在北京来今雨轩正式成立,是"五四"新文学运动中最早成立的文学社团,而且因其成员多、影响大,在流派发展上具有鲜明、突出的特色。它的发起者与参加者后来有许多成为对中国新文学运动有卓越贡献的人物。发起人为:郑振铎、沈雁冰、许地山、王统照等。后来陆续发展的会员有谢婉莹(冰心)、黄庐隐、朱自清、老舍、刘半农、刘大白、徐

文学会集体合影

志摩等 170 余人。

光社

1923 年由陈万年、黄振玉发起成立。该社每年都要在来今雨轩举办展览会，观众常在五六万人次以上。

北京反帝大联盟

1924 年 7 月 13 日，在来今雨轩成立。到会的有北京学生联合会、《政治生活》周刊社、社会主义青年团、马克思学生研究会等 50 多个团体的代表。

中国图书馆界协会

1925 年 4 月 12 日，蔡元培、梁启超、陶行知等 56 人发起在来今雨轩召开了中国图书馆界协会发起人大会，并成立了筹备委员会。这是中国图书馆事业进入一个新的历史阶段的里程碑。

中国数理学会

1929年8月5日，北平第一师范院长张骀惠等在来今雨轩宴请各地来北平的数学家和地理学家，席间提议组建中国数理学会，当时全体赞同，积极筹备，于8月19日在来今雨轩召开成立大会。与会27人。

少年中国学会

"五四"时期出现的最重要的社团之一，在当时出现的诸多青年社团中，它会员最多、分布最广、历史最长、影响最大，聚集了青年学子和其他社团中的许多精英分子。在它存在的七年中，是全国青年中影响力和感召力最强的。中国共产党早期领导人高度重视这个团体，李大钊、周恩来、邓中夏、高君宇等先后多次在来今雨轩参加学会的聚会、座谈会，阐明自己的政治主张。

李大钊和少年中国学会成员合影

中国营造学社

1929年6月由朱启钤创办，是在中华教育文化基金董事会的资助下成立的。是研究中国古代建筑文化遗产的第一个私人学术研究团体。由朱启钤任主任，下设法式组和文献组，有常务职员6人，名誉社员42人。法式组由梁思成主持，刘志平辅助；文献组由刘敦桢主持，另聘梁启雄、单士元为编纂。主要工作为到全国各地进行实地调查、勘测和编纂建筑书刊图册。其《中国营造学社汇刊》为民国间颇有影响的古建工程学术刊物。该社社址开始设在北平宝珠子胡同七号。1932年迁入中山公园，租用社稷街门以南的旧朝房办公。1937年"七七事变"以后，迁往四川。1950年3月1日将营造学社所用朝房归还故宫博物院。

中国书学研究会

简称书学会。1936年黄河决堤，时任北京古物陈列所所长、中山公园董事之周肇祥（养庵）发起书画义赈活动资助灾区。北京的文化名人、清朝遗臣及各方人士纷纷响应，在中山公园办书画展销，参加者有清代末科状元刘春霖；翰林张海若、傅增湘、潘龄皋、陈云诰；举人张伯英；拔贡魏旭东；皇族溥心畬；名书画家秦仲文、徐燕孙、吴敬亭、徐养吾、王雪涛、汪慎生、周怀民、徐之谦；篆刻家陈漱石、张志鱼、刘博琴、寿石工、金禹民等100多人。以后时续进行书画展销。

1937年"七七事变"后这些书画家以书画义卖契机成立书学研究会，将义赈之举化为长期书艺聚集之会。书学会有成员100多人，云集了当时在京的书法家和众多的书艺爱好者，每半个月举办活动1次，成为例会，地址在中山公园董事会院内餐堂。推举周养庵为会长，画家王佩城为办事员。每次例会主要是同好者交流书艺，鉴赏翰墨，一些书艺爱好者也携带书作来此以求名家指点。

书学研究会是当时北平唯一有组织、有例会、有固定场所的书法艺术团体。1939年因日本统治日愈猖獗，遂停止活动自行解体。

此外，中国美术家协会、全国曲艺改进会、北京中医药学会也分别于1949年、1950年在来今雨轩成立。

稷园艺文

明代诗文作品

太社稷坛陪祀有作

顾鼎臣

太祀清严地,芳郊雨露天。言从三事后,恭礼百神前。方社新周典,灵星远汉年。风含兰俎(zǔ)静,月向桂尊圆。佳气浮青霭(ǎi),祥光散紫烟。共知神降福,丰稔(rěn)遍垓(gāi)埏(yán)。

(选自《(万历)顺天府志》卷六《艺文志》)

【作者简介】

顾鼎臣(1473—1540),明苏州昆山(今属江苏)人,字九和,号未斋。弘治十八年(1505年)中进士第一。官至礼部尚书兼文渊阁大学士。著有《未斋集》《文康公全集》《医眼方论》等。

社稷坛陪祭

凡祭皆北面行礼,惟社稷坛南面行礼。

熊明遇

石坛西砌殿官端,南面威瞻玉藻冠。灯烛熏天人济楚,禁垣依水树巑(cuán)岏(wán)。尊罍(léi)净洁陪周鼎,剑佩琳琅列汉官。最是凤兴刚半夜，九门传漏月光寒。

（选自顺治十七年（1660年）刻本《文直行书诗文》）

【作者简介】

熊明遇（1580—1650），字良孺，号坛石，江西进贤（今属南昌）人。明万历二十九年（1601年）进士，授长兴知县。万历四十三年（1615年）历任兵科给事中、福建佥事、宁夏参议。天启元年（1621年）以尚宝少卿进太仆少卿，寻擢南京右佥都御史。崇祯元年（1628年）起兵部右侍郎，迁南京刑部尚书，拜兵部尚书，致仕后又起故官，改工部尚书。著有《南枢集》《青玉集》《格致草》《绿玉楼集》等。

清代诗文作品

清高宗祭祀社稷坛诗

清高宗（1711—1799），即爱新觉罗·弘历。世宗第四子。年号乾隆，1736—1795年在位。期间曾多次整修社稷坛建筑，其中以乾隆二十一年（1756年）三月至翌年六月开展的修缮工程规模最大，修缮棂星门4座、拜殿、戟殿、神厨、神库、宰牲亭等主体建筑及甬路、台阶、散水等各项陈设，用银69445两。增设祈雨、望瘗乐章等，并将其著令在案。高宗勤于祭事，在位

60年间，亲祭社稷坛54次，是清代亲祭社稷坛最多的皇帝。在其生母崇庆皇太后丧仪27天内，遇祭祀社稷坛等大礼，亦坚持作乐，甚至脱去孝服换上朝服行礼。

仲春躬祭社稷坛诗

乾隆六年（1741年）

秩宗尊百祀，敛福锡群黎。典重明禋(yīn)盛，心殷望岁齐。牲牷(quán)陈俎(zǔ)豆，南雅奏金鼙(pí)。六出新飘瑞，公田正好犁。

（选自〔清〕于敏中等编纂的《日下旧闻考》）

仲春上戊恭祭社稷坛诗

乾隆九年（1744年）

东陆暾(tūn)将曙，熙春日载阳。明禋遵振古，崇德佐维皇。香雾霏神鼎，卿云拥帝觞(shāng)（见苏轼诗）。丝匏(páo)方合奏，缀兆早成行。物备九州贡，土分五色方（坛内缭垣土色各以其方，坛上土亦如之）。一衷虔致愿，庆锡我年康。

（选自〔清〕于敏中等编纂的《日下旧闻考》）

秋祭社稷坛诗

乾隆十一年（1746年）

祈报遵先制，虔寅倍已增。丰年振古庆，神贶(kuàng)信今承（直隶今年秋收丰稔，何莫非明神之赐耶！）。祝史辞无忝(tiǎn)，帝筋露正凝。燎烟霏起处，晴旭恰东升。

（选自〔清〕于敏中等编纂的《日下旧闻考》）

仲春躬祭社稷坛诗

乾隆十二年（1747年）

重农遵旧制，蠲(juān)吉举春祈。瑞霭方坛合，昭明神载依。玉绳刚运斗，朱鸟旋扬晖。伫吁微衷格，甘膏遍甸畿(jī)。

（选自〔清〕鄂尔泰、张廷玉等编纂的《国朝宫史》）

仲春恭祀社稷坛礼成述事诗

乾隆十七年（1752年）

举趾东郊农务临，质明承祭冀居歆(xīn)。春祈秋报从常典，民谷王封合并钦。方俎备陈肥腯(tú)物，崇牙叠奏太平音。洁粢三献昭和鬯(chàng)，德养方占岁在壬。

（选自〔清〕鄂尔泰、张廷玉等编纂的《国朝宫史》）

仲春躬祭社稷坛诗

乾隆十八年（1753年）

春祈祀典廑(qín)躬行，右阙晨趋率辟卿。立我烝(zhēng)民知谷重，蕠予小子识君轻。六铢彩凤仪仙乐，三献卿云拥帝觥(gōng)。悬鼓和鸣物甲坼(chè)，青郊正待省(xǐng)新耕。

（选自〔清〕鄂尔泰、张廷玉等编纂的《国朝宫史》）

仲春社稷坛诗

乾隆十九年（1754年）

玉辇(niǎn)行西阙，松坛祭仲春。质仪遵古昔，农事重躬亲。雅乐依声永，太羹不和醇。拳拳何所愿，绥(suí)我屡丰频。

（选自〔清〕鄂尔泰、张廷玉等编纂的《国朝宫史》）

春祈社稷坛诗

乾隆二十年（1755年）

物土敷坛五色方，祈殿亲诣(yì)练(jiǎn)时良。夏松殷柏对诚妄，后稷勾龙配克当。八政农先诚国本，四时春首祝年穰(ráng)。前朝甘雪沾优渥(wò)，举趾东郊正叶(xié)祥。

（选自〔清〕鄂尔泰、张廷玉等编纂的《国朝宫史》）

春祭社稷坛礼成述志诗

乾隆二十一年（1756年）

銮(luán)舆(yú)凤阙向西旋，敬举春祈吉戊涓。素积烟融雪以后，阳烝脉发社之前（是月二十日春分始社）。于论钟鼓调宫徵，诞降秠(pī)穈荐豆笾(biān)。更冀庞禠(chí)锡昭假，献俘指日外壝边。

（选自〔清〕于敏中等编纂的《日下旧闻考》）

仲春社稷坛亲祀诗

乾隆二十三年（1758 年）

　　展币由来例仲春，百年右社聿(yù)维新[丙子春敕所司敬谨缮修坛工，阅岁告竣。瘗(yì)坎旧在坛内，重加相度，命更置坛外西北隅，并增望瘗乐章，永垂令典]。鸿功今古垂厘(xi)永，佐配馨香胙(xi)盉(xiǎng)均。处陆什三司后土，食艰稼穑立烝民。戊朝祭喜戊年值，丰茂殷希锡祉申。

　　（选自〔清〕于敏中等编纂的《日下旧闻考》）

仲春祭社稷坛诗

乾隆二十四年（1759 年）

　　午门西转缭垣通，吉戊春祈凛(lǐn)必躬。五土封坛尊社稷，两珪有邸致钦崇。乐宣太簇调元律，惠遍三农赞化工。更冀鸿庥(xiū)锡保定，献俘墙外报成功。

　　（选自〔清〕鄂尔泰、张廷玉等编纂的《国朝宫史》）

社稷坛祷雨诗

乾隆二十四年（1759 年）

　　敢云久矣愬(nì)予心，躬祷灵坛重致忱。加玉义缘祈芘荫，升香敬用伫居歆。祝辞请命出衷曲，皇乐调和冀答阴。五日为期难更缓，油云即待霈甘霖。

　　（选自〔清〕鄂尔泰、张廷玉等编纂的《国朝宫史》）

仲春祭社稷坛礼成志事诗

乾隆二十五年（1760年）

春祈崇祀晓晖曈，社稷鸿庥天地同。锐首两珪象生物，方中五土表元功。夏松殷柏开宗古，后土勾龙协飨(xiǎng)崇。坛外馘(guó)俘献耆(qí)定，每思优贶惕深衷。

（选自〔清〕鄂尔泰、张廷玉等编纂的《国朝宫史》）

仲春祭社稷坛诗

乾隆二十八年（1763年）

春有事巡狩，代仪已来年（去岁壬午南巡，遣官恭代，未得亲祭）。兹当躬崇祀，无任意夔(kuí)虔。五戊遵今古，三牲卜吉蠲。祝釐怀岁际，回忆歉秋连。益用增惭德，惟祈利大田。载芟诵周雅，示本见真诠。

（选自〔清〕于敏中等编纂的《日下旧闻考》）

仲春祭社稷坛诗

乾隆二十九年（1764年）

无事必躬亲，祈农逮仲春。茏葱祥柏护，肥腯盛牲陈。土谷惟神道，稷龙亦佐禋。五方壤分色，七奏乐鸣钧。希佑非关己，禽丰总为(wèi)民。东郊将举趾，膏雨愿依旬。

（选自〔清〕庆桂等编纂的《国朝宫史续编》）

春仲躬祭社稷坛诗

乾隆三十一年（1766年）

不幂通灵气，陈筵蠲(juān)吉辰。古今重土谷，功德在民人。奠玉钦兹日，尺坛阔昨春（去岁南巡，未躬承祀事）。酒浆申酉幸，绥屡吁斯频。

（选自〔清〕庆桂等编纂的《国朝宫史续编》）

春仲躬祭社稷坛诗

乾隆三十二年（1767年）

四之日举趾，伊古重春祈。土盛欣辰应（是日戊戌，说文，土盛于戊），稷甘着义微。䜣(xīn)闻发阳气，和朗丽朝晖。执玉抒敬诚，连绥愿不违。

（选自〔清〕庆桂等编纂的《国朝宫史续编》）

仲春恭祭社稷坛诗

乾隆三十三年（1768年）

蠲吉举禋宗，春祈总为(wèi)农。三牲献博硕，一意致虔恭。问树嗤贤对，苴茅罢土封（封建虽古礼，后世实不可行。即周因以过其历，而东迁以后王如缀斿(liú)，亦安用此苟延为哉？汉之七国，明之靖难，甚且操室中之戈矣。至凿土苴茅，更循名而无所取义，故并识于此）。戊年修戊祭，丰茂吁重重。

（选自〔清〕于敏中等编纂的《日下旧闻考》）

仲春躬祭社稷坛诗

乾隆三十四年（1769年）

当春举祈祭，先月沐优恩（今岁新正，兆占三白。屡被渥雪，土膏甚润）。只此诚为瑞，其他非所论。撰（xuǎn）辰应上戊，仲德配元坤。岁岁躬承祀（春祭社稷坛，非有事每岁必躬行），摅（shū）兹敬意存。

（选自〔清〕于敏中等编纂的《日下旧闻考》）

仲春朔日躬祭社稷坛诗

乾隆三十五年（1770年）

曙色辨坛松，祈春躬祭重。五行欣值土（是日五行属土），二月正兴农。爰稼绎洪范，主阴考秩宗。年年承福胙，莫懈一心恭。

（选自〔清〕庆桂等编纂的《国朝宫史续编》）

仲春祭社稷坛礼成志事

乾隆三十七年（1772年）

明禋已隔春，昨岁适东巡。式礼方坛肃，秉诚一念纯。敢辞年渐长，敬识祭当亲。时泽祈灵锡，优膏利早昀（yún）。

（选自〔清〕庆桂等编纂的《国朝宫史续编》）

仲春祭社稷坛礼成述事诗

乾隆三十八年（1773年）

春祈秋举报,秋每事行搜（每岁仲秋吉戊,正当出口行围之时,是以每岁春祈,率躬亲展事）。以此恒躬祷,原非为（wèi）己求。佑民宜稼穑,福国遍寰陬(zōu)。仗俟墙门外,平番俘献囚（会典献俘仪,先期择吉遣大臣告祭太庙、社稷坛,押所解俘至庙坛街门外跪献毕,次日于午门楼檐楹正中行受俘礼）。

（选自〔清〕于敏中等编纂的《日下旧闻考》）

仲春祭社稷坛礼成述作

乾隆三十九年（1774年）

干中支在始（是日戊子）,土养物孳萌。是日修禋祀,寸心益诚敬。祈农念民重,自昔识君轻。三语钦斯两,余如疑孟评（孟子"民为贵,君为轻"二语,诚得责难之意,为君者所当警省。至社稷乃立国养民之本,岂可转列之次？夫旱干水溢,事所常有,惟在为君者尽心赈济之,即使祭祀丰洁,又岂宜诿过于神而变置之？其说为礼经所无,不免过甚,因如司马光疑孟评之,以为未可）。

（选自〔清〕庆桂等编纂的《国朝宫史续编》）

仲春祭社稷坛礼成述事

乾隆四十年（1775年）

庙左方坛右,当春敬事祈。佑农斯有重,卜稼愿无违。晋玉阴墉润，陈牲芳俎肥。蠲(juān)辰连戊子（昨岁祭坛日在戊子，曾有"干中支在始，土养物孳萌"之句。今岁祭日，复值戊子），土养物占几。

（选自〔清〕庆桂等编纂的《国朝宫史续编》）

仲春祭社稷坛礼成述事诗

乾隆四十一年（1776年）

立社本通礼，酌尸非正论（通典周祭社用尸，此礼久不行，亦弗当）。戊干迎享合，申岁酒浆繁（农谚：岁逢申酉，乞浆得酒。是日并值戊申，庶征岁美）。五土色原备，三牲博以尊。崇朝值甘雨（是日雨）。只惧沐神恩。

（选自〔清〕于敏中等编纂的《日下旧闻考》）

秋仲恭祭社稷坛礼成述事诗

乾隆四十二年（1777年）

每岁春祈奉，今年秋报承（每年春祭社稷坛，俱亲诣行礼，秋祭时以行围塞外，驻跸热河，例遣诸王恭代。今岁因居忧，未举秋搜之典，故得躬承秋祀）。幸无值二齇(fǔ)，惟有祝三登。壝外献功罢（昨春平定金川，俘逆酋索诺木等解京师，于社稷坛门外行献俘告功礼）。坛中奏乐应（二十七月之内，郊社大祀仍用乐，至御前导引及卤簿大驾则乐设而不作，礼也）。礼成咏良耜(sì,毛诗序：良耜，秋报社稷也），似续念犹兢。

（选自〔清〕于敏中等编纂的《日下旧闻考》）

春祭社稷坛斋居有作

乾隆四十三年（1778年）

去岁阙春祈，其阙不可言（昨岁春祭社稷坛，正当百日缟素期内，不能躬诣行礼）。兹当过小祥，大祭躬始安。预斋应从吉，素衣易旧观（二十七月内，凡遇坛庙大祀斋戒，例当暂易素服，从吉御常服）。惟是庙堂制，补衣更百官（群臣已过期年，服色例应如旧，朔、望及逢五、逢十应易补服，诸王大臣以为请。因朕躬尚在二十七月素服期内，对之心觉不安。命宫内为正朝所在，勉从其议，在圆明园则仍如去岁例）。对之意不怿，踟(chí)蹰(chú)鼻为酸。一愧非素心，一伤岁月殚。守礼岂易云？斯即为君难。

（选自〔清〕于敏中等编纂的《日下旧闻考》）

仲春祭社稷坛礼成述事

乾隆四十三年（1778年）

吉日春祈举，干支岁德同（是日戊戌）。重重卜丰茂，秩秩礼昭融。功肇三农久，福覃(tán)九宇中。日绥屡曰普，致祷愿诚通。

（选自〔清〕庆桂等编纂的《国朝宫史续编》）

仲春社稷坛礼成述事

乾隆四十四年（1779年）

岁岁必躬亲，春祈所为民。礼应上戊日，虔值望霖辰（自去冬望雪,昨二月朔日。雨才二寸,切冀沾霈甘霖)。钟鼓克谐奏,豆笾亦具陈。方坛宣祝史,绎思(去声)致惭频(左传季梁对随侯云,奉盛以告曰,絜粢丰盛。谓其三时不害而民和年丰也。今祝文虽不用其语,而为民祈佑之意则同。昨岁河南被水较重,安徽毗连处亦漫溢及之,湖北、甘肃、江苏偏灾均所不免,虽赈恤优施,冀民得所,然忆左传民和年丰之文,不能不滋惭耳)。

(选自〔清〕庆桂等编纂的《国朝宫史续编》)

仲春社稷坛礼成述事

乾隆四十六年(1781年)

庚仲值南巡(庚子仲春值南巡,未获诣坛行礼)。躬祈合此春。辰良当上戊,岁德尚穰(ráng)辛。盛乐登平奏,嘉牲博硕陈。年前三白兆,甘雨更希频。

(选自〔清〕庆桂等编纂的《国朝宫史续编》)

二月朔日社稷坛礼成述事

乾隆四十七年(1782年)

祈春逢上日,物土兆农祥。举趾期惟始,申衷年吁康。虽霑三白渥(昨冬近京屡次得雪优渥,各省亦普遍沾足,多有奏报盈尺及七八寸者)。仍冀早霖滂。国以民为本,食天敢不瞢(máng)。

(选自〔清〕庆桂等编纂的《国朝宫史续编》)

仲春社稷坛礼成述事

乾隆四十八年（1783年）

丁戊必相连，昨朝释奠旋。仍勤七旬岁，为龠万民天。土谷功垂后，豆笾礼述前。春霖继冬雪，冀佑利农田。

（选自〔清〕庆桂等编纂的《国朝宫史续编》）

祭社稷坛斋居养心殿作

乾隆五十一年（1786年）

节庆甫云毕，还官肃三斋。张灯过闹庆，变食喜静皆（凡南郊大斋，迁居斋宫，忌用辛辣。若庙社之斋，则在养心殿斋居，虽弗忌辛辣，亦不用生葱韭）。理事亦如常，引见抡弼谐（是日引见一百三十余人）。春云时作止，祈佑甘雪佳。苏杭知渥沾，淮徐音尚乖。荆歜(shè)尤缱(qiǎn)念，去岁逢旱灾。斋当清净心，奈愁纷萦怀。

（选自〔清〕庆桂等编纂的《国朝宫史续编》）

春祭社稷坛述事

乾隆五十一年（1786年）

两岁阙躬与，甲辰南巡，乙巳创行，辟雍礼皆未得躬诣此祭。一心增悚虡。方坛拟圻(qí)泽，祈谷龠民天。礼玉圭有邸，升馨豆及笾。九州胥在宥(yòu)，甘雨望沾全（通典立社之法，盖各就其地而论之。予以为，天子治四海，则天子之社于四海，宜无不在宥。昨岁南北各省冬雪虽获均沾,而新春奏报雨雪者,惟山西、山东、陕西、甘肃、浙江诸省,近畿及淮徐等处尚未奏得雨雪。京师之社为万方求福报功,惟吁春膏普霈,粒我蒸民耳)。

(选自〔清〕庆桂等编纂的《国朝宫史续编》)

仲春社稷坛礼成述事

乾隆五十二年(1787年)

右祈应用戊,排日值旬朝(初十日戊申)。土德逢申穰(农谚,岁逢申酉,乞浆得酒)。雪膏幸腊饶(上年自腊八日后,屡得祥霙(yīng),积至盈尺有余,实为兆丰之庆)。金炉钦以烓,玉烛愿恒调。微雨昨惟寸,继沾心更翘。

(选自〔清〕庆桂等编纂的《国朝宫史续编》)

仲春社稷坛礼成述事

乾隆五十三年(1788年)

祈固重于谢,勤春每阙秋(每岁以秋狝[xiǎn]幸避暑山庄,是以仲秋吉戊未得躬承祀典。然祈重于报春祭,每亲诣行礼)。春膏叨(tāo)厚泽(上冬各直省雪泽俱优,惟近畿得雪数次,未为沾渥。上元节前大雪盈尺,心实为慰)。秋获吁丰收。晋玉摅(shū)心悃,系缧(léi)俘首囚。不堪陈献典(周礼,大司马若师有功,献于社。兹逆首林爽文虽已就执,槛送来京,然以么䯢小丑,罪贯满盈,自应伏辜,岂堪举陈献典。惟仰荷神麻,得以遄速蒇[chǎn]

事,实深感惕),总是沐鸿庥。

(选自〔清〕庆桂等编纂的《国朝宫史续编》)

仲春朔吉社稷坛礼成述事

乾隆五十四年 (1789年)

春戊率躬行,祈年福万氓(méng)。有收叨昨惠,去年各省收成,仰邀神惠,俱属丰稔。绥屡吁今诚。仲合孟占茂,汉书,丰茂于戊。今岁元旦逢戊,二月朔日,复值春戊祀典,尤叶祥占。近和远始耕。升苾增肃穆,宿识已为轻。

(选自〔清〕庆桂等编纂的《国朝宫史续编》)

庚戌仲春社稷坛礼成述事

乾隆五十五年 (1790年)

三祭四朝斋,朝日坛、文庙,皆为中祀,致斋二日。社稷坛大祀,致斋三日。今春分丁戊,三祭相连,故斋期自初三日为始,凡四日云。躬亲蒇(chǎn)礼皆。蒙庥仍健旺,致敬敢违乖。土谷民之命,安和心以怀。秋膏虽积润,春泽更祈佳。

(选自〔清〕庆桂等编纂的《国朝宫史续编》)

辛亥仲春社稷坛礼成述事

乾隆五十六年 (1791年)

中祀昨年蒇 (前岁予以寿届八旬,精力尚健,拟归政以前于中祀皆亲祭一周,以申诚敬。至上年已经次第蒇礼),春祈今岁仍（大祀仍勉躬亲执礼）。辛禳(ráng)欣叠(dié)值（二月值辛卯）。土德幸重征（是日五行为土）。所勉心无逸，惟希稼有登。耄龄兴拜缓，欿(chāo)若益兢兢。

（选自〔清〕庆桂等编纂的《国朝宫史续编》）

壬子春祈社稷坛恭纪

乾隆五十七年（1792年）

社稷尊称太，礼崇天地祇。句龙周弃配，酌古合今宜（按杜佑通典曰，颛顼祀共工氏子句龙为社，烈山氏子柱为稷，高辛氏唐虞夏皆因之。殷汤为旱迁柱。而以周弃代之。孔颖达礼记疏云，郑康成以社为五土总神。稷为原隰之神，句龙以有平水土之功，配社祀之。稷有播种之功，配稷祀之。贾逵、马融、王肃之徒，以社祭句龙，稷祭后稷，皆人鬼非地神。是贾逵诸人直以后土句龙为太社，后稷为太稷矣。马贵与文献通考引朱子、杨复之说，并以郑说为长。我朝定礼最为至当。是以会典所载，太社位右，太稷位左，俱北向。配以后土句龙氏，东位西向。后稷氏，西位东向。酌古合今，洵为万世不易之典）。大祀躬仍执（己酉岁予以寿届八旬，于中祀皆亲祭一周，已尽为君之职。嗣后即可遣官致祭。至大社，仍必每岁躬亲行礼。今年八旬有二，幸赖上苍鸿佑，精神强健倍昔，奠献之际，益切寅恭）。长（上声）年心倍寅。四番墙外献，五举禴垂禧（乙亥年六月征准噶尔，先俘青海逋酋罗卜藏丹津，及投顺复叛策凌孟克之子巴朗孟克忒木尔。十月平定准夷，俘达瓦齐。庚辰正月平定回部，馘(guó)霍集占。丙申四月平定金川，俘索诺木。凡四次皆依古礼献于庙社。此次声讨廓尔喀，师出有名，兵非为利，颙吁神佑，庶几能五举献社之礼，迅蒇大功，曷胜虔祝）。

（选自〔清〕庆桂等编纂的《国朝宫史续编》）

仲春祈社稷坛礼成述事

乾隆五十八年（1793年）

昨春龠俘献，秋月遂降番（前岁廓尔喀复来滋扰藏边，罪实难逭，不得不命将兴师，为俘获献社之计。是以上年春祈礼成述事有句云"四番壝外献，五举龠垂禧。"盖将继青海准夷、回部、金川为五也。及福康安等四月间进兵以后，七战七捷，八月间，彼即窘迫再三乞降，怜其悃诚，因予俞允。虽未俘擒献社，亦已速蒇大功，自非神恩垂鉴，何以及此）。致佑何其速，感恩不可言。一心示本重，万载表功存。五字诗成每（近年社稷坛躬祀礼成述事诗，一律皆五言，亦尊地数也），由来地数尊。

（选自〔清〕庆桂等编纂的《国朝宫史续编》）

甲寅仲春社稷坛礼成述事

乾隆五十九年（1794年）

春祈因重农，每岁致寅恭（朕重农省岁，虔龠土功，每岁右坛春祭，非遇巡幸之年，无不敬谨致斋，亲诣行礼）。及节求恩雨，阅年望雪冬〔自去年十一月二十九日得雪后，即无日不望继沾，迄今已两月余，渴冀恩霈甘霖。今日荐璧奠帛之际，抒诚默祷，颙俟灵贶(kuàng)]。焦心诚日甚，渴泽冀云浓。责己深思过，仍惟龠土宗。

（选自〔清〕庆桂等编纂的《国朝宫史续编》）

仲春躬祭社稷坛礼成述事六韵

乾隆六十年（1795年）

右坛祈以春，民务重躬亲。物土陈五色，纪年叩六旬。气和欣礼洽，地润逮耕新（去年秋雨既足，加以腊月祥霙盈尺，地土至今潮润，大利春耕，感荷神庥，益深虔惕）。弗幕遵常典（右坛祀事，遵古礼不设帷幕，坛北设享殿，以备偶值风雨行礼。夫坛既无帷幕，偶遇风雨，于享殿行礼宜也。无风雨则不可。古人定制，原有深意。昨太常寺具仪注称享殿行礼，其意欲省予登拜之劳。予岂敢如此，因命从旧制），升阶秉笃寅。献罍忱不已，举玉事将竣（每岁仲春祭社稷坛，非值巡方，必躬亲行礼。今予践阼周甲，祗承将事，展忾庆成。明年元日归政后，春祀即为子皇帝之事，顾瞻坛壝，依恋弥增）。七奏乐音阕，回瞻意恋频。

（选自〔清〕庆桂等编纂的《国朝宫史续编》）

清仁宗祭祀社稷坛诗

清仁宗（1760—1820），即爱新觉罗·颙琰。高宗第十五子。年号嘉庆，1795—1820年在位。在位前四年是太上皇乾隆帝发号施令，嘉庆帝并无实权。乾隆帝死后才独掌大权。他在位期间是世界工业革命兴起的时期，也是清朝由盛转衰的时期。内忧外患此起彼伏，国内爆发了白莲教起义，清朝统治危机出现。他继续推行闭关锁国和重农抑商政策，导致清朝落后世界大潮。仁宗在位25年，亲祭社稷坛35次。在位期间，规定祈雨谢雨均应亲诣步谢，以示诚敬，并增设祈晴谢晴乐章，将这些规定写入《大清会典》永远遵行。

社稷坛礼成敬述六韵

嘉庆元年（1796年）

右坛崇国本，致祭礼宜亲。巩固敷坤德，清宁普昊仁。办方分五色，育物始三春。念切垓埏广，心殷恩泽均。民依怀敬畏，圣旨凛遵循。虔吁俘苗速，湘南早靖尘（近日官军已距平陇贼巢不远，贼首羽翼已翦除殆尽，惟祝速将渠魁按数生擒，及早藏事，以靖楚疆，实感神佑于无极）。

（选自〔清〕庆桂等编纂的《国朝宫史续编》）

社稷坛礼成敬述

嘉庆二年（1797年）

报社礼经重，仲春品汇萌。辨方土五色，择地壝（上声）双成（太社、太稷以后土句龙氏、后稷氏配为坛二层，每祭坛上敷五色土，中央以黄、东青、南赤、西白、北黑，随方筑之）。圣敬衷承凛，神功物被荣。寅恭陈玉帛，戛击奏韶韺。岁美希连稔，民劳愿辑兵（昨岁普获上丰，冬春来复优沾雪泽，自可仍希连稔。惟教匪滋事将及一年，尚未翦除净尽，虽一切军需均支官帑，而运送粮饷、军装及官兵经过之处，究不能不资民力。肤功迅奏，俾民讫小康，实吁神功垂佑）。臣心祈感格，昭鉴寸忱诚。

（选自〔清〕庆桂等编纂的《国朝宫史续编》）

社稷坛礼成敬述六韵

嘉庆三年（1798年）

四郊得甘泽，戊祭应中旬。左个春祺溥，右坛国本亲。箫韶墙角奏，帛俎案前陈。时合耕畬(shē)始，心期阳雨匀。京都登上稔，蜀郡靖余尘（蜀省教匪王三槐、徐添德等逆天背道，与楚省姚之富、齐王氏等互相勾结滋扰，江沱官军剿捕正在吃紧之时。敬惟太社司讨罪之权，太稷溥降康之福，虔祈灵佑，迅扫旄头，民艺新畬，户登上稔，幸垂昭鉴）。帝慰众情畅，祈神昭格申。

（选自〔清〕庆桂等编纂的《国朝宫史续编》）

社稷坛礼成敬述

嘉庆四年（1799年）

春祈遣王代（仲春因大礼居庐，不亲吉蠲之祀，遣亲王恭代行礼），秋报敬躬行。曷(hé)敢居忧阕，虔希妥佑诚。幸蒙协阳雨，犹愿戢戎兵。劳役民堪悯，稽诛贼未平。消邪亟归正，肆赦尽更生。默祷神昭鉴，鸿禧溥蜀荆（四川逸贼窜入楚北境内，据倭什布奏报，以少抵众，贼势不敢猖獗，近复宣布恩旨，降者免死，庶贼党知更生之路。复据松筠奏报，陕西南路贼势已可次第扫荡，仰祈默佑，俾苍黎早免兵革也)。

（选自〔清〕庆桂等编纂的《国朝宫史续编》）

社稷坛礼成敬述六韵

嘉庆五年（1800年）

主鬯(chàng)承天命，人君社稷凭。春秋二祀展，祈报一诚凝。奠献陈香帛，鉍(bì)芬洁豆登。辨方土五色，瞻位壝(wéi)双层。省岁禾丰稔，平邪士奋腾。叩求神赐佑，对越倍兢兢。

（选自〔清〕庆桂等编纂的《国朝宫史续编》）

社稷坛祈雨敬纪

嘉庆五年（1800年）

旱象已成矣，寸心萦百忧。难消万民孽，祗禀一诚求。省咎知深重，祈天赐渥优。众邪犹窜野，二麦遍荒畴。岁歉京畿郡，兵连陇蜀陬。愧为九宇主，敬俟昊恩流。

（选自〔清〕庆桂等编纂的《国朝宫史续编》）

社稷坛谢雨敬述

嘉庆五年（1800年）

雨虽未深透，谢泽敢忘恩。禾垄新滋洽，麦田余润存。已沾培沃壤，再沛达陈根。默祷希昭鉴，郊圻遍实蕃。

（选自〔清〕庆桂等编纂的《国朝宫史续编》）

社稷坛礼成敬述用去岁诗韵

嘉庆五年（1800年）

春祀夏祈谢，隆仪三度行（每年右坛春秋祈报，敬遵旧典举行。今岁四月二十四日因求雨，躬行步祷，得雨后，于闰四月初八日亲诣申谢，已三度恪举隆仪）。右坛重根本，秋报展衷诚。周甸欣登谷，余氛尚弄兵。虽看元恶获，还愿众邪平。神力希全戡，天心体好生。苍黎消劫难，泽被陇川荆（昨据额勒登保、长麟奏报，于阶州境内痛剿贼匪，斩获三千余众，歼戮伪元帅曾印并大小头目侯长富等十九名，现在赶剿伍金柱一股，可期荡净。又，先据德楞泰、勒保奏报，鲜大川被剿逃往巴州境内，欲投伊叔鲜文芳，团集硐寨藏匿。鲜文芳因鲜大川系著名首逆，即嘱鲜大川所遣赴寨密商之鲜文屏、杨任山擒杀自赎。伊二人听从，即用予戮毙鲜大川，割取首级呈验。鲜文芳率众团勇搜杀余众，川省贼匪闻风瓦解，其湖北贼匪，前据明亮奏报，生擒伪总兵熊方青，紧追徐添德，务获三省捷音，实殷禴祷）。

（选自〔清〕庆桂等编纂的《国朝宫史续编》）

社稷坛礼成敬述六韵

嘉庆六年（1801年）

又届春祈社，仍忧贼未除。邪终窜山岭，民尚委沟渠。自省予愆(qiān)重，难酬考愿舒（安民殄贼之策，夙夜运筹，罔敢暇逸，冀仰酬望捷遗志。今虽邪氛破散，而十分廓靖，尚候凯音。

右坛圭邸,固为丰岁之祈,又属献俘之所,武成大有,并求昊监)。兵销解聚蚁,岁稔叶维鱼。雪渥叨恩厚,雨敷沛泽徐。叩天赦苦劫,万姓乐于胥。

(选自〔清〕庆桂等编纂的《国朝宫史续编》)

社稷坛祈晴敬纪

嘉庆六年 (1801年)

祈雨祈晴总一诚,典章创始特躬行(雨旸同属庶征,祈报总关民瘼(mò),而向来求晴仪注罕见举行。兹特申殷荐袚(fú)躬亲。先期,幸瞻开霁,是晨升阳昭朗,尤严惕畏也)。非常积潦连旬溢,奇变大河故道更。荡析间阎万民苦,筹量宵旰百忧萦。右坛昭格希垂佑,迅赐时阳宇宙清。

(选自〔清〕庆桂等编纂的《国朝宫史续编》)

社稷坛礼成敬纪

嘉庆六年 (1801年)

京畿全被涝,直省雨旸匀。既沐春祈佑,仍应秋报伸。兵消拯劫难,河复救灾屯。积潦犹淹稼,余邪尚害民。欲除万姓苦,尽此一诚真。虔龠神垂鉴,敕予渎告频。

(选自〔清〕庆桂等编纂的《国朝宫史续编》)

社稷坛礼成敬纪六韵

嘉庆七年（1802年）

右坛祀上戊，农事重民生。国本隆仪举，春祈钜典行。辉煌土五色，精洁壝双成。致敬陈珪帛，和声奏頀(hū)韺(yíng)。甫田希大有，余贼望全平。诚悃垂昭格，登咸寰宇清（右坛将事，固为春祈钜典，而乘时消沴除氛，尚祈鉴佑。正所谓去其螟螣也，曷胜虔禴之至）。

（选自〔清〕庆桂等编纂的《国朝宫史续编》）

社稷坛礼成敬述

嘉庆八年（1803年）

春祈重农事，祀举右坛隆。感沐兵全弭，深叨雪兆丰。安民闾里谧，省岁土膏融。干佑清螟慝(tè)，休征协雨风。升香馤芬荐，献爵至诚通。致敬希昭格，康年寰宇同。

（选自〔清〕庆桂等编纂的《国朝宫史续编》）

社稷坛礼成敬述

嘉庆九年（1804年）

社为国之本，上戊展精禋。扫地隆右壝，授时惟仲春。双成坛设位，五色土分垠。举趾兴东作，逢年福庶民。安澜常顺轨（太社、太稷司农事而主土功，现在衡工将届合龙，惟冀神庥垂佑，俾事机辐辏，早巩金堤。更愿此后水土奠乂，万里九曲，永庆安澜,鉴予为兆民虔祈之念尔),净孽永销尘(各直省连岁告丰,实感昊禧神贶,而三省底定肃清后,良民各安于畎亩,则稂莠潜绝其萌芽,岁事成而民气乐,期共跻于休和之宇也)。九叩祈昭格,鉴予寸悃真。

(选自〔清〕庆桂等编纂的《国朝宫史续编》)

仲春上戊社稷坛礼成敬述

嘉庆十年(1805年)

右坛展典祀,致敬肃春祈。稽事兴周甸,农功举近畿。双成神妥侑,五色土分坼。乐奏调箫管,舞陈扬羽翚。年登望天佑,雨降切民依。绥万六符协,阳和九宇归(右坛春祀,岁于仲春上戊日,所以祈田功稽事也。干戚羽龠,工歌八变,其数与祭地祇同。每岁亲临将事,执瓒陈珪,惟祈玉烛时调雨阳,应候普锡康年之福,以安九宇之民。初三日夜,微雨沾被,土膏滋润,敬希普施时雨,利益初耕,对越精禋,倍深虔冀)。

(选自〔清〕庆桂等编纂的《国朝宫史续编》)

社稷坛礼成敬述

嘉庆十一年(1806年)

国本重祈社,稽章春仲临。抒诚希感召,致敬仰居歆。有飶香升宇,同和乐奏音。双成展仪肃,五色辨方寻。省岁惟求稔,安民愿格心。海氛望速靖,赐佑鉴予忱(洋盗首蔡牵滋扰台地,勾结陆路匪徒合至二万人,颇形猖獗,节经派调将弁官兵剿办。

兹闽浙总督玉德奏到，据各路渡台将领及台郡镇道先后呈报，经镇将等先将谢仔尾屯踞贼船贼匪痛加焚烧剿杀，击毁贼船二十余只，生擒贼匪一百六十余名，开通道路。现在兵势联络壮盛，具有义民万余助战，合计兵民共有二万余人，分投堵截鹿耳门及水陆各要隘，蔡逆断无幸逃之路，即可生擒，余匪亦不难一鼓扑灭。兹当吉戌有事于太社、太稷，不特省岁祈丰，冀邀神祐，即戢武告功，绥宁疆宇，亦惟右坛灵格，俾速擒巨憝，澄清余氛，庶濒海居民共臻安堵，而桀骜不驯之徒亦皆革面革心，同归化宇，尤为寸衷诚祷者也）。

（选自〔清〕庆桂等编纂的《国朝宫史续编》）

民国时期作品

民国时期，每到春秋佳日，稷园文宴颇盛，时有社会名流、文人墨客吟诗作赋。其中，1935年，在中山公园水榭举办修禊活动，推"散原老人"（陈三立）为主监，同座14人，以"落、花、与、芝、盖、齐、飞、杨、柳、共、春、旗、一、色"分韵，计得诗8章，词6阕。1936年，由夏清贻等发起，在公园举行苏东坡诞辰九百年庆祝会。到会者40余人，以苏集中赠清都观谢道士诗分韵，计得诗27章词1阕。两次活动所得诗作，部分摘录于1939年12月出版的《中央公园二十五周年纪念刊》中。以下收录作品，均选自其中。

诗

来今雨轩晚坐

张朝墉

高轩束寒气，抱膝倚檐坐。茶香沁心脾，凝神清不唾。霜老渗木末，一叶随蝶堕。何处环佩声，从容侧身过。喃喃诵弥陀，似补宵分课。可惜少木鱼，一声一倡和。去去还复来，周遭如转磨。翻疑古柏丛，或现狮子座。引我心亦定，低眉隐几卧。宵深悄无人，谁惊短梦破。

（选自《中央公园二十五周年纪念刊》第一四三页。中央公园委员会编印，1939年12月出版）

【作者简介】

张朝墉（1860—1942），四川奉节人。字伯翔，亦作白翔，一字北墙，晚号半园。清廪生，以善书名。1906年，离川远游黑龙江，至齐齐哈尔入署黑龙江将军程德全文幕，主管屯垦事务。后任内阁中书，哈尔滨特区长官公署顾问。至1919年赴北京，就职于国史编纂处，居椿树胡同成寿寺，寓内有花木之胜。又时常与诗坛名宿往还，先后结漫社、嘤社、谷社，月有集会。1920年辑有《黑龙江官印存》一册。张朝墉一生诗作很多。从1917

年始，按年结集，年为一集，因依年编次，即以干支为名。其诗写情状物含蓄隽秀，绘景寄情象外，言志淡泊宁静。对兵灾战祸所致之动荡时局忧心如焚，每独啸于室，以抒胸中抑郁。内中不乏名篇巨制。编纂《黑龙江物产志》。

稷园水榭修禊分得一字

邵　章

今年春事早，花开烂如雪。言寻园榭游，禊辰图小集。坐客十二人，雅称觞咏一。句拈开府新，诗步右军逸。峨峨散原老，齿已踰八秩。夏林蹑及之，章汪亦继辙。馀各须鬓苍，后先甲子历。未座山谷裔，犹未盈四十。乙亥光绪元，挽枪咸扫迹。中更非常变，烽烟不少息。我生忧患多，无地岸巾帻。太恶苦东风，花飞满衢陌。佳节古今逢，怒（ni）焉感畴昔。有酒且沉醉，清游几辆展。匪假管与弦，怡颜在水石。栾枝照日殷，柳线漾波碧。眼前皆淑景，会心得所适。明日是清明，今朝况寒食。嘉招不可却，以此娱晨夕。寄语耽吟者，慎勿爱岑寂。

（选自《中央公园二十五周年纪念刊》第一四三页。中央公园委员会编印，1939 年 12 月出版）

【作者简介】

邵章（1874—1953），字伯炯，号倬庵，浙江杭县（今属余杭）人，1874 年（清同治十三年）生。1901 年、1902 年，辛丑、壬寅并科进士。毕业于日本法政大学速成科。历任翰林院编修，杭州府中学堂、浙江两级师范学堂、湖北法政学堂及东三省法政学堂监督，法律馆咨议官，奉天提学使，公立北京法政专门学校校长，约法会议议员，司法官惩戒委员会委员，北京政府平政院评事兼庭长、院长等职。1953年逝世，享年79岁。著有《云综琴趣》。

公园小山杂花乱开如错金衣锦与剑秋仰承幼梅清漪同登眺有作

夏仁虎

寻春不出郊，同人约往西山看杏花余懒不果去。嵇生懒何似？造化惠懒人，春亦到城市。小山锦作围，红白间紫翠。陂陀相掩映，起伏亦有致。曾无策杖劳，遂作览胜事。客云此小巫，聊可娱俗士。吾本尘壒（ài）人，所赏在秾丽。昵我我好之，神怡体弗瘁。春风吹薄寒，向晚日有喧。水阁初上镫，花光照逾媚。徘徊劝少留，侧看复平视。余香兜满襟，去觅樊楼醉。

（选自《中央公园二十五周年纪念刊》第一四四页。中央公园委员会编印，1939年12月出版）

【作者简介】

夏仁虎（1873—1963），江苏江宁（今南京）人。字蔚如，别号啸盦、啸鞋、枝巢、枝翁，又号枝巢子、枝巢老人，别号钟山旧民，室名瑞芝轩、篆枚堂、碧山楼。清举人。曾官御史。辛亥革命后，历任北京政府财政部参事，财政次长、代理总长，盐务署署长，国务院秘书长，众议院议员。后任东方文化事业总委员会编纂、北京古学院研究员等职。中华人民共和国成立后，受聘为中央文史馆馆员。为文史学者、诗人、词家。20世纪30年代末至40年代，是北平蛰园律社、瓶花簃词社的中坚人物。中华人民共和国成立后又参加张伯驹组织的庚寅诗社。著有《金陵艺文志》《旧京琐记》《碧山楼珠龛记传奇》《啸盦近稿·诗稿·词稿》《啸盦文稿》《枝巢四述》。

稷园水榭修禊拈得落字

汪曾武

春来好胜游，园花发红萼。欣逢三月三，晴天气寥廓。折柬招良朋，及时须行乐。嘉会续兰亭，城市胜林壑。禊饮成惯例，斯集殊不恶。曲水引流觞，一弯绕亭阁。德星聚一堂，少长觥筹错。太邱寿而康，馀子望尘却。崧岳非偶然，差喜留芒屩。废吟垂五年，倘许诗还作。虚怀推放庵，得句屡商削。草窗不速来，清谈善发噱。爽约夏湖州，翻似天涯客。书来罚诗词，豪兴犹如昨。景纯匆遽行，别时留后约。邮筒递佳章，令我心胸拓。论齿萃群贤，彭祖年相若。人影留镜中，精神俱矍铄。分韵各字拈，走也敢不诺。才尽笑江郎，强与人酬酢。苦吟孟浩然，眉毫几尽落。何如赵倚楼，赡美供吟嚼。文采忆承平，澡涤心疏瀹(yuè)。灵岩畴昔游，山人怀大鹤。朋辈几人存，随处增离索。回首顾社坛，追思都惊愕。诘朝又清明，且共引春酌。醉饱看杂花，鸾枝红灼灼。纵无山水好，诗兴也堪托。重集赏牡丹，还许吟红药。

（选自《中央公园二十五周年纪念刊》第一四四页。中央公园委员会编印，1939年12月出版）

【作者简介】

汪曾武（1871—1956），江苏镇洋（今太仓）人。字威子，号师麟、趣园、鹣龛。光绪二十年（1894年）举人。次年参加"公车上书"。后任民政部员外郎。民国后曾任平政院第一庭书记官。中华人民共和国成立后任中央文史馆馆员。著有《趣园诗余》《趣园味莼词》《江亭秋兴诗》《外家纪闻》等。

稷园水榭禊集分得盖字

黄孝平

缁尘骄春阳，天似穹庐盖。愿言假日欢，初不曰盛会。修禊踵岁例，列坐集耆艾。骋怀贵所适，奚必人境外。稷园十亩间，列柏散青霭。倾谈及羲皇，风花写天籁。宫墙流水活，亦复来映带。遹景明镜中，一一须眉绘。连年青溪宾，新诗萃金荟。顾此一咏觞，行简毋乃太。

（选自《中央公园二十五周年纪念刊》第一四六页。中央公园委员会编印，1939年12月出版）

【作者简介】

黄孝平（1901—1986），字君坦，号叔明，福建闽侯长乐人。被近现代学界誉为"左海三黄"（黄孝纾、黄孝平、黄孝绰）。黄孝平历任北洋政府教育部、财政部、司法部秘书、《续修四库全书提要》特约编辑，青岛特别市卫生局秘书主任，山东省烟酒印花税务总局总务科长；华北政务委员会时期，历任华北实业总署参事，代理工商局长，华北政务委员会参事，公教人员适量消费合作社总务处处长等职；新中国成立后，被聘为中央文史研究馆馆员。20世纪50年代初期，曾在稷园诗社活动。

公园晓望

王　浩

侵晨扬烟去，登眺穷目弩。西山绿到眉，江南无此雨。末夏草木长，大小存膴膴(wǔ)。小树忽作花，夜气时一吐。薨薨虫铩羽，了了蛙息鼓。日出人语喧，游骑略可数。平生工短舞，一室所为主。归来嬉妇子，鱼豆陈两簠。

（选自《中央公园二十五周年纪念刊》第一四六页。中央公园委员会编印，1939年12月出版）

【作者简介】

王浩（1894—1923），近代诗人，江西诗派的重要人物。字然父，又字瘦湘，号思斋。江西南昌人。与其兄王易（简庵）来南昌主持《江西民报·副刊》，兄弟二人"主持报章文苑，诗文辞以及小说笔记，莫不佳妙，一时顿享纸贵之誉"。民国初任国会参议院秘书、清史馆纂修，后任国务院统计局佥事。1920年同国际财政会议代表饶孟任赴欧洲参会。著有《思斋集》。

己巳上巳水榭禊集分韵得空字

赵椿年

狂号已止昨夜风，岂知今日风尤雄。土囊盛怒决其口，兰台纵赋难为工。但觉山鸣谷应虎亦啸，又如万马蹴踏凌虚空。丰隆收声噤不出，爱居欲避愁无从。阴阳晦冥果何义？五行洪范原相通。得非天公有深意，一以噫气开群蒙。不祥从此被除尽，好事不复烦诸公。诸公作健兴仍王，驱车直走飞沙中。兰亭少长竟咸集，入门吐气如长虹。尊前眼底两烂漫，池柳新绿桃初红。风光如此留不得，回鞭障袂稍匆匆。会须径待复风报见《刘向传》，再展上巳嬉春融。

（选自《中央公园二十五周年纪念刊》第一四七页。中央公园委员会编印，1939年12月出版）

【作者简介】

赵椿年（1866—1942），字剑秋，江苏武进人。1888年，戊子科举人。曾任江西抚署文案、江西候补知府、度支部币制局提调、盐政处咨议、资政院议员、京师自来水公司监督。1912年5月，任北京政府工商部参事；9月，任财政部参事；11月，任财政部次长。1913年9月后，任税务处会办。1915年，任总统府财政顾问。1917年，张勋复辟，任农工部右侍郎。1920年8月，任审计院副院长。后任北京古学院金石研究会研究员。1922年2月，任偿还内外短债委员会副会长。1923年4月，任整理内外债委员会副委员长。1928年后，辞去一切职务，闲居北平。著有《覃研斋石鼓十种考释》《覃研斋诗存》等。

稷园展览南海康先生遗墨赋此

瞿宣颖

九州晦雾非一朝，国耻不振文已敝。世须贤哲导先路，天助风霆吐噫气。伊人崛起岭外豪，独绍春秋志经世。大笑徒应下士怜，独醒难起众人醉。何止尺蠖伤明夷，至今浮游腾谤议。甲午以还逾四纪，绵历艰难事尤异。经营不见椎轮时，渊源孰念先河赐。酏甘茧缚坐推排，谋臧具违岂初意。亦知成败逆天难，但惊岁月回首易。栖栖徒陨任道身，耿耿终赍填海志。及门群彦追慨想，投老孤城拾遗坠。社坛今作乐游园，临水繁花照春瘁。国门不忍抉眼留，大荒旨降披发视。鉴格宁依溪涧馨，神明犹焕龙鸾字。细看淡墨勤点窜，不掩精思出凌厉。想见沉吟具草时，已贮滂沱伏蒲泪。横流人纪今何如，护此精诚照天地。

（选自《中央公园二十五周年纪念刊》第一四九页。中央公园委员会编印，1939年12月出版）

【作者简介】

瞿宣颖（1892—1968），别名益锴，字兑之，湖南长沙人。毕业于私立上海复旦大学，获文学学士学位。历任北京政府国务院秘书、国史编纂处处长、暂署印铸局局长、河北省政府秘书长、国民政府内政部秘书等。并任天津私立南开大学、国立北平师范大学、私立燕京大学及私立辅仁大学教授。后任古学院常务理事等。中华人民共和国成立后，任上海市政协委员。著有《汪辉祖传述》《方志考稿》《长沙瞿氏家乘十卷》《中国骈文概论》《北平史表长编》《中国历代社会史料丛钞》。

稷园水榭禊集拈得芝字

夏孙桐

不向商岩问紫芝，旧京还恋讨春时。阅人桃李闲尊酒，照影涟漪各鬓丝。风景新亭应仿佛，天花丈室独禁持。罚依金谷吾何遁，倦笔重酬展禊词。

（选自《中央公园二十五周年纪念刊》第一五二页。中央公园委员会编印，1939年12月出版）

【作者简介】

夏孙桐（1857—1941），字闰枝，又字悔生，晚号闰庵，江苏江阴人。光绪十八年(1892年)进士，授编修，历官湖州、宁波、杭州等地知府。民国初入清史馆，嘉、道、咸、同四朝臣工列传及循吏、艺术两汇传，凡一百卷，并出其手。又佐徐世昌辑《晚晴簃诗汇》及《清儒学案》。工词，晚年多酬应之作，风格低回沉郁。亦能诗文。著有《观所尚斋文存》及《悔龛词》两卷。

中央公园讲经

甘鹏云

诸生今日谈经处，犹是前朝社稷坛。讲说无多皆国本（演说立国根本），游人环听总辛酸（听讲者游园人大半）。群言淆乱山河改，大道榛芜编简残。崇正有心棉力薄，可怜无术障狂澜！

亭林惨说亡天下，不幸吾身亲见之。沧海横流日西匿，世风趋下水东驰。六经扫地人心死，群蜚刺天国命危。伫待遗书诵邹鲁，颓波容有挽回时。

（选自《中央公园二十五周年纪念刊》第一五五页。中央公园委员会编印，1939年12月出版）

【作者简介】

甘鹏云（1861—1940），湖北潜江人。字翼父，亦字翼甫（一作号），又字月樵、药樵，号叶樵，晚号耐翁、耐公、息园居士，室名崇雅堂。光绪二十九年（1903年）进士，任工部主事。旋留学日本，毕业于法政大学。1917年告归居北京。晚年闭门著述，从事考据，在北京辟有"息园"藏书，成为全国著名的方志学家、藏书家。主要著作有《楚师儒传》《潜江旧闻》，辑有《谈经》《鲁文恪公集》《崇雅堂丛书初编》等。

稷园水榭禊集分得齐字

夏清贻

从容裙屐各招携，水殿空明曲岸低。樱笋行厨春烂漫，槐榆新火日暄萋。词人长庆多文藻，朝士贞元半杖藜。遥瞩当年龙尾道，觚棱金爵五云齐。

杂花生树乱莺啼，蛮榼胡庐手自提。只道清游乘令节，却缘诗兴觅佳题。频年祓濯人依旧，永昼谈谐日未西。胜似香山唐九老，须眉影入碧玻璃。

（选自《中央公园二十五周年纪念刊》第一五五页。中央公园委员会编印，1939年12月出版）

【作者简介】

夏清贻（1876—1940），字颂莱，号公奴。江苏嘉定（今属上海市）人。早年留学日本，肄业于早稻田大学。历任民国北洋政府国务院秘书、印铸局参事及东北边防军司长官署秘书厅机要处主任等职。

己卯新春游中央公园即事

王世澄

又是匆匆岁月更，名园草木各争荣。饱尝世上炎凉味，闲听松间笑语声。根薄生瘤知树病，枝斜傍道碍人行。鸡虫得失复何惜，惜取残阳一片明。

（选自《中央公园二十五周年纪念刊》第一五六页。中央公园委员会编印，1939年12月出版）

【作者简介】

王世澄（1881—？），字君宜，江苏吴县人，1881年（清光绪七年）生。曾赴英国留学，入伯明翰大学，获商学士学位。归国后，历任湖南省矿务局译员，奉天交涉局译员，学务处调查员，北京政府财政部财务署佥事，财政部公债司科长，财政讨论会会员，银行筹备处职员，币制委员会委员，国务院宪法研究会办事员，外交部外人损失赔偿审查会委员，制用局银行股股长、国库股股长，币制局钞券处副处长，泉币司第三科科长。1918年1月，任泉币司司长。1924年后，任天津造币厂厂长、蚌埠商埠督办。

壬戌三月三日修禊稷园水榭

曹经沅

长年局促欲何为,及取花前一展眉。照水夭桃初破萼,冶春司李旧题诗。暂来裙屐相娱地,苦忆开天最盛时。贺老丹青今顾陆(蒲圻贺君履之),柳阴点笔固能奇。

(选自《中央公园二十五周年纪念刊》第一五八页。中央公园委员会编印,1939年12月出版)

【作者简介】

曹经沅(1891—1946),字宝融、攮薋,四川绵竹人。就读于私立中华大学,获法学士学位。历任民国北京政府内务部科长、佥事、秘书。1925年后,历任临时执政府秘书、安徽省政务厅厅长、内务部参事。1933年,任国民政府军事委员会委员长南昌行营参议。12月,任行政院简任秘书。1934年后历任行政院参事、蒙藏委员会总务处处长、贵州省政府委员兼民政厅厅长。1938年被选为国民大会代表。1942年11月,任立法院立法委员。嗣后主持国民大会代表联谊会,主编《国大周刊》。著有《借槐庐诗集》。

稷坛

王树枬

森森松柏护神坛,社稷无端作弄田。衣履缤纷斗秦虢,水晶亭畔纳凉天。

（选自《中央公园二十五周年纪念刊》第一五九页。中央公园委员会编印，1939年12月出版）

【作者简介】

王树枬（1851—1936），字晋卿，号陶庐老人，又号绵山老牧，斋名陶庐，文莫室，河北新城人，1851年（清咸丰元年）生。1886年，丙戌科进士，授工部主事，后任四川青神县知县。1888年后，历任资阳、新津、富顺等县知县。嗣入张之洞幕府。1895年，入陕甘总督陶模幕僚，旋任中卫县知县。1902年，以直隶州知州在任候补。1903年，以道员去四川候补；同年，入京授平庆泾固化道，后署巩泰阶道、皋兰道。1906年3月，任新疆布政使。后与袁大化主修《新疆图志》。1911年6月，开缺调京。历任学部宪政编查馆一等谘议官，礼学馆高等顾问官。1914年2月，任清史馆总纂，约法会议议员；5月，任参政院参政。1918年，任第二届国会众议院议员。1921年11月，与罗振玉等主持敦煌经籍辑存会。1925年2月，代表新疆督办杨增新入京出席善后会议；10月，任东方文化事业总委员会委员，以日本退之庚款聘请国人续修四库全书提要。1930年，主讲奉天萃升书院。1936年春，病逝于北平，终年85岁。著有《离骚注》《天元草》《周易释贞》《尚书商谊》《广雅补疏》《希腊春秋》《陶庐文集》《彼得兴俄记》《文莫室诗集》等。

咏公园青云片

青云片者，清圆明园时赏斋中石也。高宗书"青云片"三字，又先后题诗散刻石间。今移植中央公园。同郡张文伯先生见而赋之。因次其韵。

佚 名

对此茫茫一赋诗，人间艮狱剩相思。

谁知桑海无穷劫，留与嵯峨玉立时。

可惜珠题字字排，五云深处久沉埋。

不然早识吾曹面，袍笏呼兄宝晋斋。

占得园林如此好，风流裙屐夕阳天。

相逢莫问前朝事，点首兴亡石不言。

砥柱龙门漫乞灵，狂澜到此不曾停。

要从五岳争颜色，一片云垂万古青。

（选自《中央公园二十五周年纪念刊》第一六一页。中央公园委员会编印，1939年12月出版）

稷园观牡丹诗八首

叶恭绰

其一

京华留爱万青槐，荫遍千门与六街。

更喜园花都手植，满城人共乐春台

（京师市政皆蠖公手创，以形格势禁诸费经营，然始基卓立公园其一也。行道树数万株暨稷园诸花，概公手植。今看花人知之者鲜矣）。

其二

尽将春色付游人,大造无私雨露均。
谁识当年调燮苦,千红万紫尽劳薪。

其三

移花接木补天工,拣得深红间浅红。
游赏好凭莺燕闹,不须愁梦绕珍丛。

其四

万人如海竟相欢,胜似君王带笑看。
花若有情应解语,栽花容易养花难。

其五

骄人几蒇炫姚黄,气压徐妃半面妆。
池馆买栽虽没分,且吟国色与天香(今年姚黄开特盛)。

其六

多买燕支事已劳,嬉春无那首频搔。
观空且学南泉法,如梦人间又一遭。

(行老乃郎方为大金粉写照)

其七

机事机心不可销,偶于闲写见风标。
题红拾翠浑无意,独倚东风赏二乔。

其八

横街冷落旧精蓝,佳种闻余祇两三。
安得移根归上苑,年年花事衍宣南。

(崇效寺牡丹擅名数百年,今闻已多萎死,其绿、黑两种不

知存否？若稷园尽收之，将更显大观）

（选自《中山公园志》第258页。中山公园管理处编，2002年10月出版）

【作者简介】

叶恭绰（1881—1968），字裕虎，晚号遐庵。广东番禺人。清末举人，京师大学堂毕业。曾任清政府铁道督办。民国成立后，历任北洋政府交通总长，兼理交通银行、交通大学。与朱祖谋等结"词社"，与龙榆生创刊《词学季刊》。1931年任南京政府铁道部长。之后从事文化工作，辑刊《广东丛书》等。抗战期间，拒受伪职。1950年自香港返京，任政务院文化教育委员会委员、中央文史研究馆副馆长、北京画院院长。1953年发起组织中国佛教协会。著有《遐庵汇稿》《历代藏经考略》等，后人辑有《叶遐庵先生书画选集》。

和章孤桐上巳同游稷园诗七首

王冷斋

其一

丁香依旧小庭开，曾记清诗为剪裁。
今日春风重拂槛，双株含笑故人来。

其二

密缀千红不见条，高标清韵却含笑。
牡丹未放桃花谢，眼里风光此独娇（此时稷园榆叶梅盛开）。

其三

花海都传盛故宫，名园万萼亦称雄。

何时卷地东风恶，樱绿猩红一扫空（此指稷园海棠）。

其四

春色三分大半休，看花心事转悠悠。

奇葩凡卉无妍鄙，落自关情开亦愁。

其五

曲水分明照鬓丝，清谈聊且趁芳时。

旧游散尽谁今雨，收拾春明一局棋（昔年春明馆日有棋会，今改在来今雨轩，分社棋友亦不复见矣）。

其六

梨花满地见西邻，想象诗情倍惜春。

试把竹篱比金屋，纱窗日落有何人（指章孤桐隔邻情景）。

其七

林下风清岂谢家？漫传能写折枝花。

堂前倘许称都讲，只恐诗才忝绛纱。

（选自《中山公园志》第260页。中山公园管理处编，2002年10月出版）

【作者简介】

王冷斋（1891—1960），福建福州人。1909年，入保定陆军军官学校。毕业后曾参加辛亥革命、护国运动和护法运动。在北京政府陆军部任谘议，在亚东通信社任总编辑。后在北京创办《京津晚报》和远东通讯社，均任社长。因与邵飘萍揭露当政者的贿选活动，被通缉，避往天津、上海。1935年冬，应北平市长秦德纯邀，任北平市政府参事兼宣传室主任。1937年1月，任河北省第三区行政督察专员兼宛平县县长。1937年，抗日战争爆发后，坚持抗日。不久，隐居香港。太平洋战争爆发后，到桂林，任大同银行监察。抗战胜利后，出席远东国际军事法庭作证，历数日军侵华罪行。1946年，定居北平。中华人民共和国成立后，参加中国国民党革命委员会。历任中央文史研究馆馆员，北京文史研究馆副馆长。1954年12月，当选为中国人民政治协商会议第二届全国委员会委员。1959年4月，当选为第三届全国政协委员。著有《卢沟桥抗战纪事诗》《卢沟桥事变始末记》。

词

十二时·题同上

章　钰

依然水次，依然林坐，依然觞集兰亭，话真本觳千秋于邑。

几许流人仍故国，感茫茫，揽今犹昔，消愁更愁否，问当前春色。

（选自《中央公园二十五周年纪念刊》第一六三页。中央公园委员会编印，1939年12月出版）

【作者简介】

章钰（1865—1937），江苏长洲（今苏州）人。字坚孟，又字式之，别号霜根老人，室名四当斋、茗理簃。光绪二十九年（1903年）进士，以主事用签分刑部湖广清吏司行走。历南洋、北洋大臣幕府。后调外务部，充一等秘书庶务司，兼京师图书馆编修。以校书为业，于《资治通鉴》校勘尤精。1914年任清史馆纂修。有《四当斋集》《胡刻通鉴正文校宋记》《钱遵王读书敏求记》，校《三朝北盟会编》等。

念奴娇·冬至前一日稷园玩雪

汪　怡

冻云低阁，正园林，人静吹葭时节。一夜银虬飞舞后，幻出珠宫瑶阙。回首枝头，玉尘铺处，齐放玲珑叶。春花虽艳，也还无比幽绝。

独自立遍回廊，新愁难遣，空照人华发。剩有西山留夕景，遥映孤鸿明灭。竹㴑迷青，柏墩失翠，风过飘琼屑。几番凭眺，又看天际寒月。

（选自《中央公园二十五周年纪念刊》第一六五页。中央公园委员会编印，1939年12月出版）

【作者简介】

汪怡（1878—1960），字一庵[又作"厂（ān）"]。浙江杭州人。22岁中秀才。23岁任湖北通城县时务学堂教员。25岁入江西学台吴士鉴幕，旋入湖南学台吴父庆邸。30岁随湖南学务处总办张鹤龄赴奉天,在提学司任课长。次年,任营口商业学校监督。1912年夏,到北京,在新中国报社任编辑、经理。1913年2月,参加全国读音统一会。1914年春,应县知事考试录取;6月,任直隶省平山县县长。1918年辞职。受聘为北京政府教育部国语统一筹备委员会委员。1920年及1922年,在国立北京高等师范学校讲授国音,同时还在国立北京师范大学任教。又先后应安徽、山东、浙江、河南、天津、上海等教育厅、局之聘,为国语讲习所讲授。1928年,任《中国大辞典》编纂处国音普通词典组主任。1947年5月,去台湾。1960年病逝于台北。著有《中国新式速记术》《新着国语发音学》《中华国语最新速记学》《诗牌新编》《诗词曲稿》等。

浣溪沙·稷园赏牡丹

张伯驹

炫夜珠灯照睡妆。露浓烟重转回廊。罗衣归去染天香。回首京华年少梦。匆匆过了好时光。羞将潘鬓对花王。

(选自《中央公园二十五周年纪念刊》第一六七页。中央公园委员会编印,1939年12月出版)

【作者简介】

张伯驹(1897—1982),名家骐,字丛碧,河南项城人。文物收藏家、戏剧家、诗人。早年肄业天津新学书院,嗣入袁世凯混成模范团骑科学习。曾任安武军提调参议等职。后弃职入金融界,任上海盐业银行常务董事。30岁开始全力写词,先后与傅增湘等结诗社、词社，并大力收藏文物字画。曾创办北平国剧学会。后任故宫博物院专员、北平美术分会理事长、民盟北平临时委员会委员。中华人民共和国成立后，历任燕京大学艺术系导师、北京书法研究社副主席、京剧基本研究社副主任理事、北京棋艺社理事、北京中国画研究会理事、北京古琴会理事、北京市政协委员、民盟总部文教委员、吉林市博物馆馆长、中央文史馆馆员。著有《中国对联史话》《丛碧书画录》《春游琐谈》等。

赋

中央公园赋

陈宗蕃

原夫淳熙之治，弗侈游观；勤俭之风，乃忘宴乐。是以土阶茅茨，以成其化；雕墙峻宇，聿亡厥国。况乎时遭板荡，运际萧索，乌屋何瞻燕巢焉托？抚时感事，春城之溅泪应多；极目兴怀，曲水之悲感斯作。夫岂徒考钟鼓瑟。歌山隰之枢榆；麦秀黍离，伤旧京之城郭也哉？然而一张一弛者，天之道也；有游有息者，人之情也。风雩浴沂，孔门所与；歌衢击壤，王化以成。灵沼灵台，与万民以同乐，斯干斯翼，惟君子之是营。地有修竹茂林，何非金谷。此即赏心乐事，奚待蓬瀛！因杰构于前朝，曰仍旧贯；仿崇规于异国，其命维新。此中央公园之所由肇也。当夫民国初基，百度更始。政虽未汔小康，民已嗟于劳止。乃展鸿图，聿崇芳阯。社犹未屋，匪比殿墟；典已不存，毋伤秦時。盖礼隆报稷，当时固有春祈秋赛之文。而事贵因时，此日实称望远登高之址。社稷坛者，居天安门之右，而朝市之中也。修涂四达，方轨旁通。远听丽谯之鼓，近闻长乐之钟。天街月明，望霜华而寂寂；御河春暖，环流水以淙淙。有屋数百楹，有地十万弓。乔木蔽空，腾苍龙也；长桥卧波，驾飞虹也；红墙缭绕，妥神官也；绀宇巍峨，明先农也。坛壝五色，备茅土之封也；阶阶九重，见升降之容也。于是严扫除，撤禁御。丹雘式敷，畚锸毕举。修渠清浅，藉畅泉流；长廊蜿蜒，用蔽风雨。嘉木奇卉，分植以成区。怪石危岩，错立而为伍。鸟则鹦鹉、孔雀、鸳鸯、白鹤、水陆飞翔；花则牡丹、芍药、丁香、海棠、红白间互。前有温室水榭，后有冰场鹿圃，西有饮食之肆，东有射肄之所。盖经之营之者，二十有五年，而旧都人士觞咏钓游，乃爱居而爱处。时则名流论政，学士谈经，千夫列席，众口嚣庭。逞辩才之无碍，示修途之可行。赞叹间作，愚智莫名。亦有红男绿女，贤主嘉宾，肆筵设席，举盏飞觥。联秦晋兮佳偶，祝冈陵兮长生。喜气洋溢，光景晶莹。他若丹青擅妙，草隶专精。求嘤鸣之共赏，博月旦之佳评。四壁琳琅，既腾奇而争丽；一庭花鸟，亦耀彩而飞英。是皆萃集群彦，怡悦幽情者也。若夫春风始和，夏暑未烈，百鸟争鸣，万花怒发。牡丹栏边，芍药台畔，既袂裾以偕来；翠柏千章，槐阴十亩，亦壶觞之共挚。炎暑渐消，余芳未歇，曲榭迎风，广庭延月。锦障陈兮秋花，绣屏灿兮霜叶。迨夫岁晚，犹足娱悦。绕芳圃以寻梅，步空阶而踏雪。盖岁时之景不同，而游览之踪莫绝也。嗟夫！江亭秋冷，伤苇荻之萧疏；积水潭空，看菱荷之零落。徒闻买骏之台，莫觅放鹰之泊。故宫久感荆驼，华表未归辽鹤。怅乎何之？惟斯足乐。夕阳西下，煮茗以清谈；凉月初升，举觞而共酌。谈诗则兴尽八义，对弈则子争一着。时则登高修禊，会集群英；或则打桨移船，情怡兰芍。不远市朝，已饶林壑。奚必羡液池水满，舟楫旋回。更莫矜琼岛春浓，车骑驿骆。爰为之歌曰：

惟旧都之中兮，缅坛壝之隆兮；祀后土而配先农兮，重民食以报岁功兮。遭景运之不终兮，伤禾黍之芃芃兮；仍旧贯以施功兮，乃豁然若发蒙兮。松柏郁以葱茏兮，百卉纷其嫣红兮；廊槛周遭而旁通兮，殿宇崔巍以有容兮。春秋佳日融融兮，士女杂沓相从兮；斯乐允与民同兮，惟神当亦弗恫兮。甘露降祝年丰兮，兵革息庆时雍兮；抱明月饫清风兮，千秋万岁永无穷兮。

（选自《中央公园二十五周年纪念刊》第一三八页。中央公园委员会编印，1939年12月出版）

【作者简介】

陈宗蕃（1879—1954），字莼衷，福建闽侯（今福州）人。光绪三十年（1904年）进士，任刑部额外主事。后官费留学日本东京帝国大学。回国后在邮传部任职。辛亥革命后，曾返福州任教。1917年秋，任国务院参事。1938年后，主要从事讲学和研究工作。1949年后，在中央文史馆工作。主要著述有《燕都丛考》《淑园文存》《新北京赋》等。

记

中央公园记

朱启钤

民国肇兴，与天下更始。中央政府既于西苑辟新华门，为敷政布令之地。两阙三殿，观光阗溢。而皇城宅中，宫墙障塞。乃开通南北长街、南北池子，为两长衢。禁御既除，熙攘弥便。遂不得不亟营公园，为都人士女游息之所。社稷坛位于端门右侧，地望清华，景物钜丽。乃于民国三年十月十日，开放为公园。以经营之事委诸董事会，园规取则于清严偕乐，不谬于风雅。因地当九衢之中，名曰中央公园。设园门于天安门之右，绮交脉注，绾毂四达。架长桥于西北隅，俯瞰太液，直趋西华门。俾游三殿及古物陈列所者，跬步可达。西拓缭垣，收织女桥御河于园内，南流东注，迤逦以出皇城。撤西南复垣，引渠为池，累土为山，花坞、水榭映带左右，有水木明瑟之胜。更划端门外西虎朝房八楹，略事修葺，增建厅事，榜曰公园董事会，为董事治事之所。设行健会于外坛东门内，驰道之南，为公共讲习体育之地。移建礼部习礼亭，与内坛南门相值。其东建来今雨轩及投壶亭，西建绘影楼、春明馆一带廊舍。复建东、西长廊，以蔽暑雨。迁圆明园所遗兰亭刻石及青云片、青莲朵、寨芝、绘月诸湖石，分置于林间水次，以供玩赏。其比岁市民所增筑，如公理战胜坊、药言亭、喷水池之属，更不遑枚举矣。北京自明初改建皇城，置社稷坛于阙右，与太庙对。坛制正方，石阶三成，陛各四级。上成用五色土随方筑之，中埋社主。墙垣甃以琉璃，各如其方之色。四面开棂星门，门外北为祭殿。又北为拜殿。西南建神库、神厨。坛门四座。西门外为牲亭，有清因之。此实我国数千年来特重土地、人民之表征。今于坛址务为保存，俾考古者有所征信焉。环坛古柏，井然森列，大都明初筑坛时所树。今围丈八尺者四株，丈五六尺者三株，斯为最钜。丈四尺至盈丈者百二十一株，不盈丈者六百三株。次之未及五尺者，二百四十余株。又已枯者百余株。围径既殊，年纪可度。最钜七柏皆在坛南，相传为金元古刹所遗。此外合抱槐榆、杂生年浅者尚不在列。夫禁中嘉树，盘礴郁积。几经鼎革，无所毁伤。历数百年吾人竟获栖息其下。而一旦复睹明社之旧故国兴亡，益感怀于乔木。继自今封殖之任，不在部寺而在群众。枯菀之间，实自治精神强弱所系。唯愿邦人君子爱护扶持，勿俾后人有生意婆娑之叹，斯尤启钤所不能已于言者。启钤于民国三四年间，长内部，从政余暇与僚友经始斯园。园中庶事决于董事会公议。凡百兴作及经常财用，由董事蠲集。不足则取给于游资及租息。官署所补助者盖鲜。岁月骎骎已逾十稔，董事会诸君砻石以待。谨述缘起及斯坛故实，以诒将来。后之览者，庶有可考镜也。

（选自《中央公园二十五周年纪念刊》第一三一页。中央公园委员会编印，1939年12月出版）

【作者简介】

朱启钤（1872—1966），字桂莘，亦作桂辛，号蠖园，贵州紫江（今开阳）人。清举人，纳资为曹郎。1903 年，任京师译学馆监督。1905 年，任北京外城巡警总厅厅丞。1907 年，徐世昌以候补四品京堂奏调至奉天，充东三省蒙务局督办，旋奉派赴日本北海道考察垦殖事业。1909 年，任津浦路北段总办。1912 年 7 月，任北京政府交通部总长。1913 年 7 月，兼代国务总理；9 月，改任内务部总长。1914 年 2 月，兼代交通部总长；7 月，更兼京都市政督办。1914 年 5 月至 1916 年 4 月，重任内务部总长。1919 年，任南北议和北方总代表。和议破裂辞职，隐居天津，从事著述。1927 年，任张作霖安国军政府政治讨论会委员。1930 年，张学良委为北平市市长，未就。后历任山东中兴煤矿公司总经理，中国营造学社社长。晚年，隐居上海。中华人民共和国成立后，任中央文史馆馆员，第二、三届全国政协委员。著有《李仲明营造法式》《存素堂丝绣录》《蠖园文存》《芋香录诗》。

碑碣石刻

孙中山奉安纪念碑文

上天佐佑我诸华，笃生总理。秉圣善之姿，恢文武之业，攘逐胡清，肇造诸夏。至明如日，至德配天，生民以来，未有伦比。今寰宇混一，方外既来，山陵致功，宜建穹碑。伏思我总理革命垂四十年，崇功名德，布护八表，巍巍荡荡，民莫能名。谨缀大端，

另镌吉金,以扬我总理之耿光。颂曰:

胡清失绪,王涂多违,四夷交捽,海水群飞;
明明我公,应期特生,茂德贞固,睿哲若神。
茂德伊何?克圣克仁。言出有章,动合无形。
慷慨岭外,电发海滨。地无百里,众寡一成。
公奋厥武,是讨是震。犷彼东胡,僭盗十代,
基属国护,引弓日戒。桓桓我公,在困弥亮。
再接再厉,顽廉懦壮。肇义汉滨,朔风变楚,
白旄一扬,遂走区宇。建宅金陵,耀威江表,
纠合同盟,连兵北伐。奋钺霆击,镵枪电扫,
举晋如遗,偃齐若草。伪孽震骇,归命受事,
名王遁逃,豪帅交臂。堂堂国父,如而不幸;
至德侔天,冲虚拟海;脱屣大位,成功不居;
汤武革命,比之蔑如。袁氏作昏,狡焉思肆,
革年改物,盗窃神器。公赫斯怒,爰奋其旅,
神旌再顾,朱旗重举。玄符久协,人谋是与,
渐台自焚,出燕即叙。元恶既夷,新都未治,
九县崩离,八薮重扰。公御群师,龚行天讨。
伟略中否,大业陨颠。偏率畔换,公用东匿,
翻加凤举,乃撰微言。义揭三民,宪创五权,
身退道行,位逊行鲜。百粤底定,复迥乾轴,
威加殊类,勇迈方叔。雄戟镜天,雷韬震隆,
戎车于征,群凶侧目。皇矣我公!视民如伤。

爱命群帅，保乂封疆。服叛以德，匪兵之疆，将混区夏，登民春阳。茫茫禹甸，我公匡之；口然蒸民，我公康之；三辰幽昧，我公光之；四维绝镞，我公张之；宪典矉坏，我公纲之；天声中微，我公扬之。驰驱王纪，乾乾不息；神武鹰扬，嘉谋弗忒；张皇六师，征伐四夷；遂举元功，安民建国；钟山淮川，峰高川长；总理伟绩，三精同光。

北平各界总理奉安纪念大会敬立。

参考文献

一、古籍

[1] 春秋左传. 北京：燕山出版社，2007.

[2] 国语. 上海：上海古籍书店，1978.

[3] 礼记. 上海：上海古籍出版社，1987.

[4] 周礼. 郑州：中州古籍出版社，2010.

[5] 韩非子. 北京：中华书局，2010.

[6]（西汉）司马迁. 史记. 北京：中华书局，1963.

[7]（西汉）刘安. 淮南子. 郑州：中州古籍出版社，2010.

[8]（东汉）班固. 汉书. 北京：中华书局，1962.

[9]（东汉）王充. 论衡. 上海：上海人民出版社，1974.

[10]（南朝宋）范晔. 后汉书. 北京：中华书局，1965.

[11]（唐）房玄龄. 晋书. 北京：中华书局，1974.

[12]（唐）魏徵，令狐德棻. 隋书. 北京：中华书局，1973.

[13](北宋)李昉.太平御览.上海:上海古籍出版社,2008.

[14](北宋)王溥.唐会要.上海:上海古籍出版社,2006.

[15](南宋)朱熹.诗经集传.长春:吉林人民出版社,1999.

[16](金)张玮.大金集礼.北京:中华书局,1985.

[17](元)马端临.文献通考.首都图书馆影印本

[18](元)脱脱.金史.北京:中华书局,1975.

[19](明)宋濂.元史.北京:中华书局,1976.

[20](明)徐一夔.明集礼.首都图书馆影印本

[21](明)佚名.秘阁元龟政要.首都图书馆影印本

[22](明)朱元璋.明太祖文集.上海:上海古籍出版社,1991.

[23](明)张德信等.洪武御制全书.合肥:黄山书社,1995.

[24](明)解缙.永乐大典.首都图书馆影印本

[25](明)郑晓.吾学编.首都图书馆影印本

[26](明)章潢.图书编.首都图书馆影印本

[27](明)朱让栩.长春竞辰稿.首都图书馆影印本

[28](明)湛若水.泉翁大全集.首都图书馆影印本

[29](明)王圻.续文献通考.首都图书馆影印本

[30](明)郎瑛.七修类稿.北京:中华书局,1959.

[31](明)申时行.明会典.北京:中华书局,1989.

［32］（明）俞汝楫.礼部志稿.首都图书馆影印本.

［33］（明）焦竑.国朝献征录.全国图书馆文献缩微中心胶片.

［34］（明）李之藻.泮宫礼乐疏.全国图书馆文献缩微中心胶片.

［35］（明）佚名.太常续考.故宫博物院馆藏.

［36］明实录.中央研究院历史语言研究所胶印本.

［37］（清）孙承泽.春明梦余录.北京：北京古籍出版社，1992.

［38］（清）江蘩.太常纪要.故宫博物院馆藏.

［39］（清）徐开任.明名臣言行录.首都图书馆影印本.

［40］（清）龙文彬.明会要.首都图书馆影印本.

［41］（清）陈梦雷.古今图书集成.首都图书馆影印本.

［42］（清）秦蕙田.五礼通考.北京：商务印书馆，2005.

［43］（清）张廷玉.明史.北京：中华书局，1974.

［44］（清）段玉裁.说文解字注.上海：上海古籍出版社，1988.

［45］（清）允祹.乾隆会典.首都图书馆影印本.

［46］（清）允祹.皇朝礼器图.南京：江苏广陵古籍刻印社，1991.

［47］（清）嵇璜.清文献通考.首都图书馆影印本.

［48］（清）嵇璜.清通典.首都图书馆影印本.

［49］（清）嵇璜.清通志.首都图书馆影印本.

[50]（清）嵇璜.清续文献通考.首都图书馆影印本.

[51]（清）纪昀.历代职官表.上海：上海古籍出版社，1989.

[52]（清）于敏中.日下旧闻考.北京：北京古籍出版社，1991.

[53]（清）钱载.萚石斋文集.首都图书馆影印本.

[54]（清）慧中.台规.首都图书馆影印本.

[55]（清）庆桂.国朝宫史续编.首都图书馆影印本.

[56]（清）毕华珍.律吕元音.全国图书馆文献缩微中心胶片.

[57]咸丰太常寺则例.故宫博物院馆藏.

[58]（清）昆冈.光绪会典.首都图书馆影印本.

[59]（清）昆冈.光绪会典事例.首都图书馆影印本.

[60]（清）昆冈.光绪会典图.首都图书馆影印本.

[61]（清）陈启源.毛诗稽古编.上海：上海书店，1988.

[62]（清）陈康祺.郎潜纪闻三笔.首都图书馆影印本.

[63]内务府来文.中国第一历史档案馆藏.

[64]礼科题本.中国第一历史档案馆藏.

[65]赵尔巽.清史稿.北京：中华书局，1976.

二、专著

[1]（民国）中央公园委员会.中央公园二十五周年纪念刊，1936.

［2］王国维．观堂集林．卷一．洛诰解．北京：中华书局，1959.

［3］徐师曾．文章辨体序说．上海：人民文学出版社，1962.

［4］陈宗藩．社稷坛考．北京：北京古籍出版社，1991.

［5］丁山．中国古代宗教与神话考．上海：上海文艺出版社，1988.

［6］詹鄞鑫．神灵与祭祀：中国传统宗教综论．南京：江苏古籍出版社，1992.

［7］席涵静．先秦社祀之研究．众望文化事业有限公司，1992.

［8］王天有．明代国家机构研究．北京：北京大学出版社，1992.

［9］关文发，颜广文．明代政治制度研究．北京：中国社会科学出版社，1995.

［10］徐旭生．中国古史的传说时代．北京：文物出版社，1995.

［11］杨宽．西周史．上海：上海人民出版社，1999.

［12］涂尔干．宗教生活的初级形式．林宗锦，彭守义译．北京：中央民族大学出版社，1999

［13］刘源．商周祭祖礼研究．北京：商务印书馆，2004.

［14］张德泽．清代国家机关考略．北京：学苑出版社，2004.

［15］傅亚庶．中国上古祭祀文化．北京：高等教育出版社，

2005.

[16] 赵克生.明朝嘉靖时期国家祭礼改制.北京：社会科学文献出版社，2006.

[17] 魏建震.先秦社祀研究.北京：人民出版社，2008.

三、论文

[1] 关铎.元大都宫苑图考.中国营造学社丛刊，1930，1(2).

[2] 单士元.明代营造史料·社稷坛.中国营造学社汇刊.1941，5(2).

[3]（日）滋贺高义.明初の神乐观と道教.大谷学报，1966，43(2).

[4]（日）滋贺高义.明代神乐观考.大谷学报，1977，57(2).

[5] 石璋如.殷代坛祀遗迹.历史语言研究所集刊(第51本)，1980.

[6]（日）小岛毅.郊祀制度の变迁.东洋文化研究所纪要(第108册).1989.

[7] 高国仁.粟在中国古代农业中的地位和作用，农业考古.1991(1).

[8]（日）小岛毅.嘉靖の礼制改革について.东洋文化研究所纪要（第百十七册），1992.

[9] 万依.清中和韶乐考辨.故宫博物院院刊，1992(3).

[10] 樊一，陈煕.封禅考——兼论三星堆两坑性质.四川文物，1998(1).

[11] 刘桂腾.清代乾隆朝宫廷礼乐探微.中国音乐学(季刊),2001(3).

[12] 刘潞.一部规范清代社会成员行为的图谱——有关皇朝礼器图式的几个问题.故宫博物院院刊,2004(4).

[13] 赵克生.洪武十年前后的祭礼改制初探——以郊、庙、社稷礼为中心.东南文化,2004(5).

[14] 余和祥.略论中国的社稷祭祀礼仪.中央民族大学学报(哲学社会科学版),2002(5).

[15] 王伯中.两汉国家祭祀制度研究.长春:吉林大学中国古代史博士论文,2004.

[16] 亚白扬.北京社稷坛建筑研究.天津:天津大学硕士学位论文,2005.

[17] 王霞.宋明清仿制三代青铜礼器原因考.中原文物,2005(5).

[18] 何淑宜.皇权与礼制:明嘉靖朝的郊祀礼改革.中央史论(韩国中央大学中央史学会),(22).

[19] 池小燕,曹鹏.北京地坛与社稷坛祭祀对象之辨——略述地祇神与社稷神各历史时期发展演变.沈阳建筑大学学报(社会科学版),2006(4).

[20] 傅熹年.明代北京宫殿坛庙等大建筑群总体规划手法的特点.中国紫禁城学会论文集(第五辑上),2007.

[21] 魏光奇.清代直隶的里社与乡村.中国史研究,2008(1).

[22] 李媛.明朝公祭文文本的政治文化内涵.古代文明,

2008（4）.

［23］李媛.明代国家祭祀体系研究.东北师范大学博士论文，2008.

［24］刘永华.明清时期的神乐观与王朝礼仪——道教与王朝礼仪互动的一个侧面.世界宗教研究，2008（3）.

［25］廖小东，丰凤.中国古代国家祭祀的政治功能及其影响.求索，2008（2）.

［26］林素娟.土地崇拜与丰产仪典的性质与演变——以先秦及体书写论述核心.清莘学教，2009（4）.

［27］姚安.清代北京祭坛建筑与祭祀研究.北京：中央民族大学博士论文，2010.

［28］常建华.国家认同：清史研究的新视角.清史研究，2010（4）.

［29］叶晔.明代礼乐制度与乐章体词曲.浙江大学学报（人文社会科学版），2010（8）.

［30］黄敏学.清代宫廷音乐管理体制的时代特征及其近代转型.内蒙古大学艺术学院学报，2011（2）.

［31］杨艳秋.明代的以礼化俗及礼向基层的渗透——明洪武朝乡饮酒礼考察.第四届世界儒学大会论文集.北京：文化艺术出版社，2012.

［32］徐洁.金代社稷祭礼考述.黑龙江民族丛刊，2012（1）.

［33］国家第一档案馆档案

①内务府来文：礼仪、奏事、修建工程等有关行文

②礼科有关行文

③工科有关行文

④巡警部有关行文

⑤内阁有关行文

⑥起居注

[34]国家第二档案馆档案

①北洋政府内务部有关行文

②民国时政府有关行文

③警察厅有关坛庙整饰行文

[35]北京市档案馆档案

①民国时期中山公园各年事务报告书

②中华民国时期中山公园各年收支报告书

③北平市市报

④北平市市政公报

⑤市政通告

后 记

《中山公园志》于 2002 年 10 月出版,是至今为止较为系统地介绍中山公园的资料工具书。但因印数有限和卷帙浩繁,读者阅读多有不便。2017 年,随着北京市推动中轴线申遗,加快建设全国文化中心的步伐,让读者更加便捷地了解、熟悉北京市中山公园成为一项十分有意义的文化工程。在此背景下,2017 年 8 月 8 日,笔者有幸参加了北京市地方志办公室、北京出版集团发起并组织的部分市属公园从业人员《京华通览》编辑座谈会,承担了《中山公园》一书的编辑组稿工作。

《中山公园》是在继承《中山公园志》的基础上,重新编辑而成。考证修订部分原有资料,重新为章节设计了题目。编辑过程中有意识增补了社稷文化探源、社稷沿革、社稷管理等内容,而这些正是志书当时没有或者无法收录的,增补后读者可以较为完整地了解社稷文化的历史,发展和演变。概括梳理了社稷祭祀的重要环节、重要礼仪，从中可以感受到皇家祭祀的恢弘场面，隆重的气氛。中央（中山）公园时期是最值得浓墨重彩的部分，使用"稷园"这个民国时期就已经声名远播的名字，是追忆那段美好时光，是致敬那些有名无名的建设者。

笔者是站在前辈修志者肩膀上前行，前辈们呕心沥血十余年收集整理各类资料数十卷百万字，让我们少走不少弯路；笔者是在诸多文史专家教诲下前行，专家们十余年来无私指导，真诚教诲，其情其景，历历在目，感人至深。借本书即将和各位见面之际，特向已经离我们而去的《中山公园志》副主编（主笔）宋维先生表达深切缅怀；向曾经参与历史资料搜集整理的郝德龙先生、程志孚先生、王菊禧先生、魏志芬女士、尹兰亭女士、孟祥龄先生、吴东毅女士等表示衷心感谢；更要向指引作者走上修志道路并不断给予支持教诲的王来水先生表达崇高敬意。

《中山公园》是一本普及型读物，笔者虽倾尽全力，但由于时间仓促和水平有限，仍存在不足和缺憾，诚请读者与各方专家批评指正。

盖建中

2017 年 12 月